Rules for a Knight

写给男孩的骑士准则

[美] 伊桑·霍克 著
康文君、巴姗 译

江苏凤凰文艺出版社
JIANGSU PHOENIX LITERATURE AND ART PUBLISHING, LTD

图书在版编目（CIP）数据

写给男孩的骑士准则 / (美) 伊桑·霍克 (Ethan Hawke) 著；康文君，巴姗译. —南京：江苏凤凰文艺出版社，2017.2

书名原文：Rules For A Knight

ISBN 978-7-5399-9581-6

Ⅰ. ①写… Ⅱ. ①伊… ②康… ③巴… Ⅲ. ①男性－家庭教育 Ⅳ. ①G782

中国版本图书馆CIP数据核字(2016)第187565号

江苏省版权局著作权合同登记：图字10-2016-139号

书名	写给男孩的骑士准则
著者	[美] 伊桑·霍克
译者	康文君、巴姗
责任编辑	孙金荣
策划编辑	赵　远
特约编辑	贾浩楠
版权支持	张晓阳
文字校对	郭慧红
封面设计	门乃婷工作室
版面设计	李　亚
出版发行	凤凰出版传媒股份有限公司
	江苏凤凰文艺出版社
出版社地址	南京市中央路165号，邮编：210009
出版社网址	http://www.jswenyi.com
经销	凤凰出版传媒股份有限公司
印刷	北京市雅迪彩色印刷有限公司
开本	890毫米×1270毫米　1/32
印张	6
字数	83千字
版次	2017年2月第1版　2017年2月第1次印刷
标准书号	ISBN 978-7-5399-9581-6
定价	36.00元

（江苏凤凰文艺版图书凡印刷、装订错误可随时向承印厂调换）

目录

Rules for a Knight

序言

这封信是 20 世纪 70 年代在我们家位于俄亥俄州韦恩斯维尔的家庭农场地下室里发现的，那时候家里刚举行完曾祖母的葬礼。它如何出现在那里及其真实性引发了许多无果之争。然而，我们家族一直声称和康沃尔地区的贵族霍克家族有直系血缘关系，而且托马斯·莱缪尔·霍克爵士也是 1483 年冬天那场斯劳特桥之战的 323 名牺牲者之一。这封信以及准则最初是用康沃尔语写的，被发现的时候已经严重损坏。我（伊桑·霍克）根据圣路易斯密苏里大学琳达·肖博士的译本对它们进行了编辑和修改。我试图用既忠于那个时代，并且孩子们也能理解的语言重述这封信。请原谅书中明显的错误，我保证这些错误在我而不在托马斯爵士或者肖博士。在力图传达托马斯爵士的思想时，我引用了其他骑士（名字列于书后）文学作品中的措辞和段落来呈现我无法表达的内容。信中的插图由我的太太瑞恩·霍克重新整理和编排。霍克斯（Hawkes）一名源于饲鹰者（Hawkers），跟鹰、隼和其他鸟类有关。可见我们的家族跟鸟类学渊源久远。

伊桑·霍克

托马斯·莱缪尔·霍克爵士的告别长信

康沃尔，1483年

我亲爱的孩子们，玛丽－萝丝，莱缪尔，科文奈尔，艾达玫：

就在我给你们写这封信的晚上，黑夜之风在我耳边低语着。可能这低语只是来自恐惧那带有欺骗性的声音，但我必须承认，我害怕我再也见不到你们。

这场跟考德领主的战争已经达到白热化阶段，这也让我坚信我将无福享受战后的和平。在圣费根平原战役中幸免于难之后，我开始迫切希望将祖父的一个“守则”

清单传给你们。今后如果我不能亲自教导你们，那么他的行事准则将引导你们成长。玛丽－萝丝，科文，艾达，对你们来说，意识到这些守则是为我—— 一个正在为骑士头衔而奋斗的年轻人——写的很重要，但它们对于抱负远大的女士同样适用。

如果我明天可以安全回家那再好不过，如果我不幸丧生，那么无论何时你们需要我的指引，请翻阅这些文字。我不想你们用我的亡故或者生活中的任何挫折作为你们不为自己负责的借口。

艾达，今天，七月二十一日，你刚满四岁，如果我害怕的事情成真，你将对我毫无印象。但最让我难过的是，你们可能只记得我是一个个子高高的、平日会斥责或是鼓励你们、在你们睡着后和你们的妈妈说话的人。过去十年我拼命工作四处奔波，现在看来我却错过了你们的整个童年。悲伤的感觉如风一般袭来。我期待你们的成长，也希望在未来我们可以通过另一种更加有意义的方式了解彼此。

今晚我想跟你们分享一些珍贵的故事、发生在我生活中的大事件以及一些重要时刻，希望这些故事可以在你们内心深处的某个地方延续下去，一直给你们带来帮助。

当我还是一个年轻小伙子的时候，我不知道该如何生活。我和朋友们寻欢作乐、打架、酗酒、彻夜狂欢。我妈妈在生我的时候去世了，于是整个少年时代我都以此作为我肆意妄为的借口。有时候，我会去小教堂里寻求慰藉，但内心却随着我给自己和别人带来的痛苦而逐渐沉沦。我的灵魂开始变得愈加躁动，我甚至不知道我为何来到这个世上，这种漫无目标的生活让我越来越沮丧，我像是一个铅锤，渐渐沉入海底。有时候，我游手好闲的天性又让我感觉自己毫无价值，我开始担心我的一生会就此随风而逝。终于，这场危机演变成振聋发聩的呐喊，我开始寻找智者为我指点迷津。

我的祖父，也就是你们的曾祖父，住在离家乡很远的山林中，去那里时会途经拉利德罗克，离佩林特巴罗很近。他十一岁时曾在阿金库尔战役中为亨利五世的长弓兵担任弓箭寻回手，并且是四名幸存的侍从之一。后来他被亨利五世亲自授予爵位，在康沃尔远近皆知。祖父的门牙缝略有些宽，身强力壮。由于他和我父亲关系不好，小时候我只见过他几次。（莱缪尔，你可能还记得你的曾祖父，他曾经送过你一把木质匕首。你哭着说："他看起来像个死人！"曾祖父听了哈哈大笑。）

有一次我去祖父家拜访，冒失地说："他们都说你是世上最睿智的人，那请告诉我如何生活吧！我为什么不能偷窃或者抢劫？我如何才能远离恐惧？为什么我如此矛盾？为什么一些错误我会明知故犯？我到底是脆弱还是强壮？我是善良还是残忍？或者我二者兼具？我甚至不明白是非，也不明白公正和偏颇，它们有什么重要的？反正每个人很快都会在地下腐烂掉喂虫子。"

老人说：“你喝茶吗？”

“好的。”我答道，并不确定他是否听到了我的话。

“那么就坐这等会儿。”

我急不可耐，但还是照办了。

祖父将两个蓝色杯子放在桌上，开始往第一个杯里倒茶，茶倒满时他仍然没有停止，直到滚烫的热茶洒满整张桌子并流到地板上。

“你在做什么？”热茶烫到了我的脚，我跳起来大喊。

“你就像这杯子，”祖父说，“想装的太多却什么也留不住，你的怒火四处蔓延，殃及你身边的一切。”

我看着他。

“看这个茶杯，”他指着白桌布上的另外一个小陶瓷杯说，“它并没着急要盛满水，它耐心等待，一动不动，空空地立着。”祖父小心翼翼地往杯里倒了少量水。“你应该像这样，”他顽皮地一笑，看着第二个杯子缓缓冒出的蒸汽说，“你要的答案自然会来，但是如果你没法静下心来，保持‘空杯’状态，你就永远装不下任何东西。”

我放松肩膀，舒了一口气，说道：“我就知道我来对了地方。”我为自己感到高兴。

“嗯。”祖父低声说。

接着我们沉默了很久。

祖父用他深邃的蓝眼睛凝望着我说：“托马斯，我很高兴你能来，我很早就希望你能出现在这里，我很高兴接收你作我的侍从，如果你也这么想的话。但首先你要明白的一点是，你不用去刻意寻找什么。你总是刚好在对的时间出现在对的地点，一直如此。”

他稍停顿了一下，看我的眼神更深邃了，“你知道为什么亚瑟王的骑士们看不到斯科费尔山的顶峰吗？”

我摇摇头说不知道。

“因为，”他轻轻笑道，“他们身在其中。”

祖父收下我的时候我十七岁，对一名侍从来说年纪可能偏大了。可关于骑士精神我有太多需要学习的。他首先给我的是一张手写的小清单，标题是“骑士准则”。

蜂鹰羽毛

准则一：孤独

在一个闷热的夏日夜晚，祖父和我在海边支了一个帐篷。他说：“除了我教你的战争之道，我还希望你了解，真正的战争源自你内心的两只狼。”

创造独处的时间。当你寻求内心的智慧和澄澈的时候，安静的环境通常是最好的辅助。纷乱嘈杂时你无法听清来自灵魂深处温柔的声音，就像在一潭浑水中看不到倒影。在安静中，我们可以嗅到沉睡在身体里的灵魂。

有一次，在一个闷热的夏日夜晚，祖父和我在海边支了一个帐篷。他说："除了我教你的战争之道，我还希望你了解，真正的战争源自你内心的两只狼。"

"两只狼？"我疑惑道，坐在离篝火不远的老木桩上。我的眼睛被升腾的火焰刺得难受。

“其中一只狼是邪恶，”他继续说道，“它是怒气、嫉妒、贪婪、傲慢、自私、内疚、憎恨、自卑、谎言、虚荣。”他停了停，用手里的木棍拨弄着篝火的余烬。

“另外一只狼是善良，它是快乐、爱、希望、真诚、慈悲、谦逊、善意、谅解、执着、慷慨、真理、同情、信仰。”

我思考了片刻，试探性地问：“哪只狼会赢？”

火花在星辰之间飞舞，老人凝视着闪烁的火光说：“你喂养的那只。”

鹪鹩

准则二：谦逊

对祖父而言，谦逊是高尚生活的基本要素。作为一个富裕家庭中最小的孩子，他目睹着自己众多兄弟姐妹被骄纵的个性给毁掉。他们期待这个世界给他们一切，当他们愿望落空时会变得失望透顶。

没有铁匠，国王的剑将会断成碎片。没有木匠，女士们的四轮马车就会散架。没有泥瓦匠，城堡将会崩塌。没有裁缝师，国王就会像傻瓜一样裸身进入教堂。所有生命都相互倚赖。如果没有蚯蚓，土地就会越来越贫瘠，生长不出东西，我们就会死掉。

明白自己需要依靠身边的人，骑士就会以善为先。他知道他需要很多朋友。行事得体可不是小事。保持礼貌是我们进行关于人类平等的日常修行的一部分。骑士会说“请”和“谢谢你”。

骑士从来不会单打独斗。他的善良、同情心和谦逊就是他的旗帜，人们会自发聚集在他身边。

对祖父而言，谦逊是高尚生活的基本要素。谦逊是一种将自己置身于一个更广阔的世界里审视自己的能力。星辰如此壮丽，无论你是否看得见，它们就在那。立志成为三月春雨后的土壤吧，温润、开放、包容。

“保持谦逊或变得谦逊，”祖父说，“骑士不会自大到觉得自己什么都懂。”

我们骑马前去执行任务的时候，他喜欢和我交谈，教我的同时也在反省他自己。

“要注意倾听别人讲话。”这是一个他不停强调的要点，“就像你也很喜欢被倾听被理解一样，每个人都如此。”

作为一个富裕家庭中最小的孩子，他目睹着自己众多兄弟姐妹被骄纵的个性给毁掉。他们期待这个世界给他们一切，当他们愿望落空时就会变得失望透顶。他们不会为圣诞节收到小马驹而感恩，而会因为没有得到成年大马感到失望。

“做一个富人的孩子太无助了，”祖父说，“潮来潮去，日出日落，四季更迭，月亮盈缺，这些没有一样能让他们满意。”

“那您呢？”有一次我问道，“您也是富人家的小孩。”

“嗯，”他喃喃说道，“我真的很庆幸我失去了所有钱财。如果你经历一次海难就失去了它，说明它根本就不属于你！”他拍了一下马鞍轻笑着自言自语。“倘若别无期待，你就会享受一切。”

有一次我们十二个人结队骑着马，正穿过霍格威尔荒原崎岖的岩丛。临近中午时，我们陷入了僵局，眼前出现了三条路。我们可以选择上面那条看上去风光秀丽但攀爬起来艰险陡峭的路；还有下面那条，看上去很容易走但实际很泥泞的下坡路；或是中间那条，它是前两者的结合体，既有部分上坡路，也有部分下坡路。最后祖父领着我们选择了中间的路。从此以后我不确定自己的步调时，就会遵从这个选择，总是很受用。

我的小马驹紧跟在祖父的大马“凯旋”身后，从容地踱步前行。

“您听国王亨利五世说过的最智慧的话是什么？”我问。那时我总是不停地问问题。

“适度成功。”他回答说。

“什么意思？”

“最后一次见到这位了不起的国王时，我只有十六岁，而他对我说：‘我希望你适度成功。’”

“我不明白。”

“那时我也不明白。”祖父冲我眨了眨眼。

那个春天的早上，我们在这条曲折的道路上颠簸地走着，直到马儿们觉得渴了。突然间，祖父在清澈的霍格威尔河岸边停下来。他指着河里的一些小鱼。

“看到这些鱼儿游来游去、穿梭自如了吗？看到它们有多开心了吗？”

他注视着这些扭动着身体的银色小鱼喃喃自语。在陪伴他的最初一段日子里，我常常会想他是不是一个发了疯的老人，因为他确实很古怪。

“你又不是鱼，”我轻轻地刺激了他一下，发问道，“你怎么知道是什么让鱼感到快乐呢？”

身后的其他人哈哈大笑起来，我为自己不合时宜的提问感到扬扬得意。

“你是一名侍从而我是一名骑士，”祖父反击道，“所以你怎么知道我不知道是什么让鱼感到快乐的？”

“对，话是没错，”我接着说，“但正因为我是地位低下的侍从，不可能知道像您这样杰出的骑士知道些什么……这道理不是跟您作为一名骑士无法知道一条卑微的小鱼心中所感一样吗？”

后面那群人看到我不断增长的自信又发出一阵笑声。

“等一下！”祖父说，从马上跳下来，脱掉了靴子和袜子，“让我们回到最初的问题，你问我怎么知道是什么让鱼感到快乐，你问题的前提已经承认了我知道是什么让鱼感到快乐！”

我霎时间变得很狼狈。

“你瞧，”祖父苍老疲倦的脚惬意地踏入了冰冷的河水里，“我通过自己的快乐感知鱼的快乐。因为我们在同一条河里游泳。”

Rules for a Knight

简单的喜悦就是最大的幸福，

快乐并不复杂。

黑翅长脚鹬

准则三：感恩

我记得训练的第一年，当时我的牙非常疼。祖父和我在田野里耗费了一个漫长的秋天为我们的马匹搭建围栏。我不停地抱怨牙疼得这么厉害挖洞实在太困难了。不过数月之后，情况变了。

对于生命中被赐予的礼物，唯有感激才是最明智的回应。对所有过往曾经，骑士会说：“谢谢。”对即将到来的一切，骑士会说：“好的！”

我记得训练的第一年，当时我的牙非常疼。祖父和我在田野里耗费了一个漫长的秋天为我们的马匹搭建围栏。我不停地抱怨牙疼得这么厉害挖洞实在太困难了。每次我挥舞大锤把木桩锤打进坚硬的地里时，我牙疼得就像要炸开似的。我告诉祖父：“如果我牙疼得没那么厉害的话，所有事情就完美了，我一定可以好好地干活。”

数月之后已是冬天，祖父和我又投入到更繁重的木工活里。这次我们在驻地后方的畜棚修理一个旧的畜栏。我花了大半个早上诅咒严寒，埋怨我的手指被冻得快失去知觉。祖父问："现在你的牙感觉如何？"

"哦，没事了。"我说。

"你看！"他咧嘴笑道，"真是个美妙的日子啊！"

每个宁静的早晨、实实在在能感受到的友情、一次酣畅淋漓的雪仗、皮肤上温暖的水珠、让你捧腹大笑的瞬间、一项出色完成的工作、一颗只属于你自己的流星。简单的喜悦就是最大的幸福，快乐并不复杂。

公鸡

准则四：骄傲

祖父张开双臂抱住我的时候，我还能闻到他的呼吸里散发出来的烟味儿，他的脸紧贴着我的脸，教会了我如何拉弓射箭。“要骄傲，不要傲慢。挺直背，抬起头。理直气壮地站好，就像你应当出现在这里。”他说。

傲慢滋生于不安全感，而骄傲不一样，它来源于尊严、自我肯定和自我尊重。我们都是通过自己的独特行为去参与世界。如果我们对自己抱有怀疑，就会影响到我们做的任何事。生命的意义在于贡献，但是如果没有相当程度的自我肯定，连做早餐都会变得很困难。

骑士的骄傲从他的笔迹中就可以体现出来。除此之外他还精心呵护着他的马鞍，他的靴子，还有他的武器。他清洁和照料他的工具、他的坐骑和他自己。他总是随身携带自己的包裹。他的靴子鞋带系得很紧。骑士总是很守时，不会随意浪费他人的时间。天堂里没有污染，我们应该尽我们所能让地球像天堂。骑士是最佳仆人，他们去过的每个地方都比他们初来时更明亮更洁净。周围的环境往往反映了某个人的精神状态。

对最微小的细节的持续关注会使你的头脑变得善于观察和认真严谨。骑士知道他装火石的盒子在哪；当他从他的口袋里掏出来的时候，里边的棉花一定是干的。骑士不需要别人告诉他箭袋里还剩多少支箭。责任感、警觉和自知之明是他的盟友，健忘是他的敌人。他的思绪不在将来，而是全身心投入此时正在做的事中。

祖父张开双臂抱住我的时候，我还能闻到他的呼吸里散发出来的烟味儿，他的脸紧贴着我的脸，教会了我如何拉弓射箭。

“要骄傲，不要傲慢。挺直背，抬起头。理直气壮地站好，就像你应当出现在这里。”

他伏在我身上，稍稍校正了我的姿态。我们俩一同举起了弓。“不要为任何理由射箭。当一个弓箭手为获得奖项而射击的时候，他就会变得紧张。”我们的手紧握着，俨然一只戴着手套的手正在将箭置于弓上。

我能感到祖父的身体既没有松弛也不僵硬。他坚定又从容。“当你为了成绩而射击的时候，你的眼睛就会分神。你会看到两个目标。”他轻声说。我们拉紧了弓弦，他接着说道：“你的技能没有降低，但对胜利的想象让你分心。”我们俩的眼睛朝一个方向看去，将箭瞄准在三十码开外一棵美国梧桐树的黑色树瘤上。“一味去想结果而不是目标，骑士就会因为焦躁而失去力量。”

慢慢地，祖父从我身旁挪开了，我甚至都没注意到。我独自站着，向后拉开弓，箭在弦上待发。“什么都不要想，可以放手了。”

当你努力训练，尽全力做到最好，为达成目标去奋力拼搏，骄傲就会不请自来。

Rules for a Knight

如果你拿自己同别人比较，

只存在两种后果，虚荣或怨恨，

而两者都毫无价值。

豆雁

准则五：合作

我们每个人都有自己的路。我们出生时间不同，地点迥异，各自面临的挑战也不相同。作为骑士，理解并尊重我们的独特性对提高集体力量至关重要。武力可能在遭遇紧急事件时对自我保护很有用，但只有正义、公平与合作才能成功领导众人。

我们每个人都有自己的路。我们出生时间不同，地点迥异，各自面临的挑战也不相同。作为骑士，理解并尊重我们的独特性对提高集体力量至关重要。武力可能在遭遇紧急事件时对自我保护很有用，但只有正义、公平与合作才能成功领导众人。我们应该像兄弟手足般生活和工作，否则就会像傻瓜一样毁灭。

不久之后，祖父收了另一名年轻的侍从。他名叫罗恩·肖恩·汉密尔顿，是一位爱尔兰黑人，跑步快、强壮、聪明、风趣，而且极为英俊。他是个孤儿。祖父似乎更喜欢和他在一起（而不是和我）。尽管我当时已经是一名剑术精良的剑客，但罗恩更加强壮。虽然我也是很优秀的骑手，但罗恩就是比我更优秀。当时有一位叫科迪莉亚的年轻女贵族住在同一条街道不远处，我很长一段时间都在幻想，当我到了某个年纪，科迪莉亚就会和我结婚。我一直非常确定她也喜欢我，直到罗恩的到来。很明显她爱上了他。

我很痛苦。起初我是喜欢罗恩的，但是跟他待在一起时间越长，我就越觉得他让我颜面扫地。他的出类拔萃简直是在反衬我的平庸。有一次，我做了件很差劲的事，这件事我羞于向你们这群孩子坦承，祖父把我带到畜棚狠狠地扇了我一巴掌。“你怎么回事？”他问。

“他样样都比我强。”我直截了当地说。

“难道就不能，”祖父眼睛狠狠地盯着我，“你和他一样出色吗？”

几周后，祖父奉命去执行一项重要任务：镇压一场由伊斯顿公爵发动的叛乱并营救备受爱戴的菲利普·特里劳尼和他的孩子们，他们都被挟持为人质。祖父并不太想让罗恩或我跟他一起去，但我们当时只有二十一岁，狂热的战斗欲望驱使我们和他同行。

祖父策划了一个英勇的施救方案去营救特里劳尼。然而，那晚在塞奇莫尔河畔的黄昏落日旁，在埃利石的南边，一支伊斯顿射出的箭贯穿了罗恩的脖子，英勇年轻的罗恩就这样被杀害了。

毫无疑问我之前的妒忌简直是个笑话。我现在依然是个小心谨慎并且很多时候表现得平凡无奇的剑客，我的骑术进步得更慢了，科迪莉亚现在跟马厩主人的儿子陷入了爱河。我想念罗恩，并很晚才领悟到他的出色并没有羞辱到我。他向我发出挑战从而让我变得更强，他的死以一种可怕的方式让我接受了这个教训。他奄奄一息、在塞奇莫尔的夕阳中渐渐死去的样子依然在我脑海中挥之不去。

那晚我学到上帝对一切都是公平的。嫉妒、恐惧、生气会阻碍骑士达成首要目标——保持头脑清醒。通过训练，骑士应该培养出开放、明朗的头脑，这样他的直觉会引领他自由发挥天性。把我们的才能当作礼物会让我们为人处世变得谦逊，同时这也让我们懂得去欣赏别人身上的“才能”，将之视为来自同一宇宙源头的礼物。如果你拿自己同别人比较，只存在两种后果，虚荣或怨恨，而两者都毫无价值。

在罗恩之死带来的愁云惨雾笼罩下，祖父和我奔赴法国作为援军参加一场在莱斯的决定性战役。几天之后，我被封为骑士，但我却很失望，因为我本想同祖父一样，由国王亲自授予头衔，但事与愿违，我在战场上接受了福克斯顿主教的册封，这仅仅因为一旦我们战胜，法国骑士们不肯向普通士兵投降，而我方又没有足够多的英国骑士接收所有战俘。因此，在 21 岁时我成了一名骑士，但因为罗恩的死，我并没有心情庆祝。

回到家，我继续跟拉利德洛克骄傲的骑士们一起在祖父的麾下服役。我所认识的这些伙伴们是我遇到过的最好的人，我很骄傲地称他们为朋友，他们当中许多人未来会跟我结伴同行。

骑士或淑女是动荡岁月里的良伴，

他永远让人感到冷静平和。

长尾山雀

准则六：友谊

你生活的质量很大程度上取决于你选择和谁做朋友。一个朋友并不需要你取悦他，你的朋友因为你的坦诚而爱你，而不是因为你附和他。当心那些所谓的海誓山盟，友谊是在平淡生活中点滴铸就的。

你生活的质量很大程度上取决于你选择和谁做朋友。

我初次被封为骑士的时候，拉利德洛克的骑士团总共有五十多人。然而在下一年，只有 17 人熬过了为期六天的洛斯特威西尔战役。经历过那个短暂又凶险的一周，我们用了几个月的时间，着手处理“胜利”后的相关事宜：埋葬死去的战士、治疗伤者、扑灭战火、重建房屋、修葺邻近的农庄。

在圣布列维塔旁，一群人围着一个八九岁的重病的孩子，他几乎盲了，并且发着烧，不停地哭泣。这是我初次结识理查德·休斯爵士，我们队里一个拥有圆滚滚的肚皮和深褐色眼睛的新骑士。他奉命要尽力救治这个孩子。众人中有位无神论者，一位依然效忠沃里克伯爵的人，他仔细看着理查德爵士把手放在小男孩身上，并对着男孩的耳朵说着宁静平和的祈祷词。这个人大声嚷嚷起来，嘲讽这位骑士居然相信古老的祷词和原始的治疗方式。当着镇子上所有人的面，理查德爵士回答说："你就是个无知的傻瓜。"紧接着这位无神论者的嘲笑变成了愤怒，他的脸变得通红，手也因为屈辱和恼怒而开始颤抖。还没等这位无神论者冷静下来出言还击或是粗暴地举起拳头，理查德爵士又说话了："倘若这么几句话就让你如此生气，为什么别的话不能有治愈的能力呢？"

正如你们所知道的，理查德爵士成了我最好的朋友。他处理很多事情都老练娴熟，和男士女士都相处甚好，他跟社会精英或普通平民都能和平相处。他有一个大肚皮和胖乎乎的胳膊，像一只友好的棕熊。

记住，一个朋友并不需要你取悦他，你的朋友因为你的坦诚而爱你，而不是因为你附和他。当心那些所谓的海誓山盟，友谊是在平淡生活中点滴铸就的。

骑士或淑女是动荡岁月里的良伴，他永远让人感到冷静平和。也许更重要的是，好朋友是你迫不及待与之分享好消息的人。但在某种程度上，仍然有这样的情况：当你的朋友受伤或难过时你可以轻易地提供帮助，而当天大的好事降临在你朋友（而不是你）身上的时候，全心全意给予他支持反倒变得更困难。

在击败沃里克伯爵数天后，我被国王授予了一枚荣誉勋章。理查德爵士高兴地把我举过头顶，他大笑着，通红的脸庞上洋溢着真挚的喜悦。

Rules for a Knight

记住，

不要在你最糟糕而要在你状态最好的时候

评判自己。

小野鸭

准则七：宽恕

当你失望时你会生气，但要让这些情绪尽快褪去，就像枯死的树枝脱离大树，它会腐烂并向土壤输送营养，你的失望情绪也可以鞭策你改变和成长。你会犯错，你爱的人也会犯错，但是记住，不要在你最糟糕而要在你状态最好的时候评判自己。

不愿轻易宽恕他人的人不会有太多朋友。要学会从自己和别人身上找寻闪光点。

每个骑士都有弱点，你也不例外。哪里有山丘哪里就有平原。当你失望时你会生气，但要让这些情绪尽快褪去，就像枯死的树枝脱离大树，它会腐烂并向土壤输送营养，你的失望情绪也可以鞭策你改变和成长。你会犯错，你爱的人也会犯错，但是记住，不要在你最糟糕而要在你状态最好的时候评判自己。骑士懂得衡量“成功”最简单的方法就是看他如何处理自己的负面情绪。

我们不需要“完美的”家庭或“理想的”社区。我们所拥有的已经足够好，我们完全可以放手开始工作。需要往北走时，骑士会用北极星来指引方向，但是他不会到达北极星，骑士只需要朝那个方向前进。

莱缪尔，你出生之后不久，你的母亲和我有一次去探望你的姨妈丽贝丝，回程中，我们穿过萨尔塔什走在大路上。我们遇到了一位少年勋爵，九岁或十岁的样子。他大发雷霆，为他的仆人把马车停在一个大泥水坑前而斥责他。我记得自己为这位少年勋爵的傲慢无礼感到羞愧，并绕开他走过去。你母亲却停下步子，把你交给我，蹚过那摊泥水，把那位少年爵士带到干燥的地面上来。他马上责骂他的仆人们道："你们太没用了！"然后跑开，甚至未向你的母亲表达一丝谢意。我们继续往家走，我瞪着眼儿生了半天闷气之后才说出："我不知道你为什么要帮助那个臭小子！"

你母亲转身对我说："几个小时前我就放下那孩子了，可你现在还把他带在身边呢。"

小猫头鹰

准则八：诚实

那个作弊的威尔士人显然是个反面教材，但更多时候人们撒谎更为隐秘的一个原因是，真相会伤害自己或他人。不要害怕承受痛苦，真金不怕火炼，事实没有那么糟糕。不经历苦痛，我们不会有所收获。

不诚实的言行和思想浪费时间，因而浪费生命。我们来到世上是为了成长，诚实是水，是阳光，是我们生长的土壤。谎言的盔甲锻造于黑暗中，不但让我们在他人面前隐藏起自己，也让我们无法忠于自己的灵魂。

有一次理查德爵士和我作为晚辈参加了一场婚礼，现场有一场箭术比赛，一个威尔士人的朋友负责从箭靶上回收箭。于是，这位“朋友”一直宣称说这个威尔士人的箭更靠近靶心（实际上并不是）。庆典临近尾声时，这两个流氓拿着奖品坐在婚礼的桌子旁，所有人都去恭喜这位威尔士骗子，称赞其精良的箭术为他赢得了冠军荣誉，他们放纵地大笑，理查德爵士和我却很是恼怒。我们着实被这个世上的不公给打击到了。为什么骗子总是能免于惩处？为什么坏人会得到祝福？

“你们不需要熬通宵来证明太阳依然会升起。”我们向祖父抱怨时他这样告诉我们。我当时并不知道他是什么意思，我想赢得那场箭术比赛，虽然我不是个顶尖的剑客，但我的射箭技艺一直让我引以为傲，输给一个骗子让我觉得很受伤。

我毫无由来地垂涎那个奖项，因为作为弓箭手，我的箭术已经在很多比赛中得到证明。而我却早已记不清楚那次的奖品是什么，一只火鸡？一枚金币？十五年之后我得知那个威尔士人被他治下的人民吊死了，没人告诉我具体原因，但我自己能猜到理由。

那个作弊的威尔士人显然是个反面教材，但更多时候人们撒谎更为隐秘的一个原因是，真相会伤害自己或他人。不要害怕承受痛苦，真金不怕火炼，事实没有那么糟糕。不经历苦痛，我们不会有所收获。土地只有先经过犁锄才能在上面播种，同理，有时我们只有经历痛苦的锤炼，同情、智慧和理解的种子才能牢牢种在我们心里。

骑士不用去捍卫真理，他活在真理中并受真理保护。

Rules for a Knight

恐惧是夜，勇气是光；

恐惧是召唤，而勇气是回应。

茶隼

准则九：勇气

我们的援兵还有一小时才能赶到，这一个小时实在是叫人毛骨悚然。战斗结束之后，理查德的左臂被咬得惨不忍睹，一把短柄小斧子砍进了他的背。好在他身强体壮，最终奇迹般地活了下来。

要想发光必先经历锤炼。

勇气是克服恐惧的能力和意志。恐惧无须羞于启齿，它是强大的力量来源，提醒我们要谨慎、警惕、警觉。恐惧是夜，勇气是光；恐惧是召唤，而勇气是回应。当骑士奋力找寻勇气的时候，他依靠的是自己的呼吸。剑斗、射箭、马术——我所知道的每一项任务实际上都需要呼吸意识才能进行。这是宇宙纽带，将所有生物连接起来。专注呼吸，我们就能够更娴熟地发挥自身能力。一匹狼无须语言交流就能掌握它想了解的信息，你也可以。大多数基本的信息都是凭直觉获得的。注意，你想知道的近在眼前，世上没有秘密，只是人们选择了忽视。

谈到勇气，我不得不想到理查德爵士。祖父曾交给我们的最艰险的任务是让我们守卫巴罗县大桥。有一个约二十人的窃贼团伙在康沃尔南部一带劫掠。祖父预计他们会从北边进入我们的村子，为确保安全，他将理查德爵士和我安排在巴罗大桥的一支前哨部队中，守卫南边的道路。我们堆起一大座柴堆，以备在发生袭击的时候点火，作为我们遭遇袭击需要支援的信号。柴堆搭建在距离大桥四分之一英里的高峰上，理查德爵士和我就在那上边扎营。如果发现窃贼团伙，我们就去把火点燃，接着往下奔向大桥，尽全力阻止他们在我方支援赶到前越界。因为担心这个计划有缺陷，理查德爵士完全被焦虑吞噬了：如果我们太晚看到他们，这些窃贼和杀手可想而知会赶在我们之前跑到桥上去。“如果我们射箭点火会怎么样？如果我们离桥更近一点呢？如果我们能在山底点燃火堆，就一定能赶在敌人之前跑到桥上去。”

他日日夜夜反复思考。我们不断练习怎么跑下山，但是这个地方地形险峻，一着急很容易摔下去。理查德爵士因此忧心忡忡。他很讨厌做没有把握的事情。所以我们反复演练的同时理查德爵士开始练习射箭。他制作了一把新的长弓并且反复练习。他找到了一块石头让他能不偏不倚地架起弓箭。大部分情况下他能射中目标，但偶尔会失手。所以他更加勤奋地练习。

“为什么你那么紧张？他们也可能不会从南边来。”我说。

“我不喜欢的就是那个‘可能’。”他答道。

他夜不能寐，我试图通过玩扑克让他放松下来。可他还是太紧张了。所以我们先是每天五次练习从那座山峰跑向大桥，之后每天十次，再后来每天二十次。我的身体状态渐渐达到巅峰。不过，我依然认为窃贼不会从南边来。

然而最后他们还是从南边来了，让我们措手不及的是，还有大约四十只模样肮脏的猎狗狂奔在他们身边。这些人没有任何旗帜。

理查德爵士和我狂奔下山。我跑在前面守卫大桥。他要去点燃柴堆。理查德爵士跳上那块岩石，他手持长弓——他已经非常习惯这一系列动作——点燃了箭，就像他平时练习的那样，把箭放到弦上。但他没有预料到的是那群狗。它们像饿狼捕食一样扑向理查德爵士，这时他依然没有迟疑，他的箭一冲而上，射中了目标，很快点燃了柴堆。五十英里外都可以看到冒出的烟。紧接着在十只狗的狂咬撕扯下，理查德爵士依然全力奔向他在桥上的位置。我射中了几只脏兮兮的猎犬，但作用甚微；大多数狗离他太近了，我不得不离开我的位置去帮他。这是我所知道的最惨烈的一场战斗,敌人们残忍野蛮，恶狗凶狠恐怖。我们的援兵还有一小时才能赶到，这一个小时实在是叫人毛骨悚然。战斗结束之后，理查德的左臂被咬得惨不忍睹，一把短柄小斧子砍进了他的背。好在他身强体壮，最终奇迹般地活了下来。

在我讲述这个故事之前，玛丽－萝丝，你已经上了一堂关于勇气的课。还记得你打算在理查德爵士的婚礼上跟亚历山德拉交谈时有多焦虑吗？你在睡梦中辗转反侧。你所需要做的只是抛洒一些玫瑰花瓣，沿着走道走下去，然后背诵一首短诗，但是恐惧让你陷入了困境。你太爱慕亚历山德拉所以不想让她失望。你一遍又一遍地练习背诵那首诗。你的母亲叫你随着呼吸的节奏一起念出那些词，还记得吗？这正是祖父教给理查德爵士和我在射箭时所用的呼吸法。那首诗被你朗诵得太美了。亚历山德拉是那么骄傲。我知道你是为了她所以才表现得那么出色。

真爱是永恒燃烧的神圣火焰，

没人能黯淡其特别的光辉或改其宿命，

真爱诉说起来轻声细语连聆听也充满柔情蜜意。

真爱让心扉敞开，真爱能降伏恐惧。

真爱不过分苛求。它不去压迫统治也不会束缚绑架。

可真爱却会牵起心所萦绕的温柔的手。

还记得吗?

水蒲苇莺

准则十：优雅

我们应该放弃年轻时对肤浅的美貌的执着，去探索更伟大的人生。我们生来就是为了迈入更高等的精神世界。每一丝皱纹都是我们狂妄的躯壳上的裂缝。狂妄粉身碎骨，才能让灵魂起飞。

优雅是一种接受改变的能力。保持开放和灵活：硬者易折。

想象一下一只毛毛虫在化茧为蝶之时，它会经历备感折磨的疼痛，而那时它并不知道飞行的喜悦。

习惯、例行公事以及一成不变的行为麻痹了我们的思想，让我们浑浑噩噩度过一生。没有什么会一成不变，万事皆有尽，万物都在变。但是，不要变动太多。一棵苹果树如果移植得太频繁将结不出果实，一位总是建新城堡的骑士也终将一事无成。

这听上去像是相互矛盾：既要接受改变的必然性，可同时也要保持不变。但是为了过得幸福，有时候你需要秉持看上去相互驳斥的真理，两手各持其一，并与它们和平共处。自然通过相克之物来创造平衡。我们需要太阳和雨水，冰川和沙漠。同样，在我们内心，我们必须接受改变的必然性，但又必须深化和增强自我意识的基础。

我想向姑娘们吐露一个我的秘密祷告文：让你们的腿稍稍粗一点或是让你们的鼻子稍稍歪一点。因为认为一位年轻女士只要长得漂亮就可以思想空虚、懒惰无趣的想法是行不通的。年轻人，无论男女，常常会利用拥有美貌或财富作为无趣、散漫、愚蠢的通行证，如果他们能幸运地活到二十八岁左右，就会成为娇生惯养的土狼——小时候很可爱，但是，长到成年就变得脾气糟糕，令人生畏，而且只能靠吃别人的残羹冷炙为生。

参加体育活动对树立自信和团队合作很有帮助。这对男孩来说是真理，对年轻女士来说更为重要，因为她们的生活中太缺少这部分了。这个世界并不会在这方面鼓励你们多加参与。

女士们——对绅士们也一样适用，莱缪尔——不要对自己的外表或别人的外表过分关切。但女士不能邋遢，千万不要。她要一丝不苟地照顾和清洁她的身体。她的服装要制作精良，能体现她的谦逊、干净、简单，讨人喜欢。从一位女士的话里能看出她的真诚，从她的行为里能看出她的秉性。明白真正的高贵为何物，她不会在意钻石的真伪。她了解自己并且关切自身的发展、理想以及如何通过行动去体现。难道主红雀会因为羽毛比朱雀更鲜红而看上去更可爱吗？

你们会长大成人，但不要担心衰老。玫瑰灿烂盛放是因为它的生命只有一次，但是含苞待放的玫瑰也极美，秋季黯淡的花瓣亦不差。正是时光流逝创造了这种珍贵。全神贯注于美丽的外表上会让年轻人远离对内心与生活的真诚探索。

我们应该放弃年轻时对肤浅的美貌的执着，去探索更伟大的人生。我们生来就是为了迈入更高等的精神世界。每一丝皱纹都是我们狂妄的躯壳上的裂缝。狂妄粉身碎骨，才能让灵魂起飞。

一天下午理查德爵士和我正骑马穿过波莫摩尔镇边上的农场。当一家人向我们驶来的时候我们停在了路上，他们的四轮马有点超负荷，上面装着沉甸甸的物品、家具和三个小孩子。那些年，英国政治动乱事件频发，这种场景颇为常见。

“打扰一下，先生们，”那位母亲低声问道，神情疲惫而又不悦，“我们正在赶路寻找新住处。前面镇上的人怎么样？”

“你们生活的那个镇上的人怎么样？”理查德爵士反问道。

“哦，太差劲了。那里的人说谎、行骗。我们住得很不开心！”这位母亲失望不已，怒骂起来。

“就是，”父亲恶狠狠地补充道，“没一个好人。那是个可怕的地方，离开它我们很高兴。”

“这样的话，前面的镇上也有很多像那样的人，”理查德爵士说，“我担心你们到那儿也会过得很不顺心。”

“非常感谢您。”然后那位父亲猛地转身对妻子拉下了脸喊道，“还好没停下！我们得继续往前走。”马车离去的时候我发现，车上的小孩子们看上去很疲倦。

临近傍晚的时候，我们看到另一家人也在赶路，他们的马车上也同样满载行李和孩子。

“抱歉，”那位父亲向我们喊话，“我们正在赶路，寻找新住处。请问前面镇上的人怎么样？”

“你们生活的那个镇上的人怎么样？”理查德爵士问道，像问上一家人那样。

“哦！我们太开心了，”父亲回答说，“那里的人都非常友善热情。”

“我们真不想离开，”母亲补充说，“我们有那么多朋友！”

“好吧，不要担心，前面镇上有许多人就跟你们的朋友一样，”理查德以其一贯爽朗又热情的方式笑着说，“我觉得你们在这儿会过得非常愉快。”

知更鸟窝里的蛋

准则十一：耐心

不存在什么“一辈子只有一次”的机会。思虑焦躁就会头脑混乱，看不清也听不明；只能看到自己想看的，或听到害怕听到的，并错失很多信息。骑士会与时间结盟为友，有了冷静沉着的头脑，自然能够抓住行事的良机。

不存在什么“一辈子只有一次”的机会。思虑焦躁就会头脑混乱，看不清也听不明；只能看到自己想看的，或听到害怕听到的，并错失很多信息。骑士会与时间结盟为友，有了冷静沉着的头脑，自然能够抓住行事的良机。

理查德爵士有一匹名贵的白色成年公马跑丢了。朋友和邻居向他表示慰问：“太不幸了！你一定很难过。”

他只是说：“我们再等等看。”

一周之后这匹马回来了，带回了两匹同样优良的母马。理查德爵士的朋友和邻居说：“哦天啊，你太幸运了！”

理查德爵士又只是回答："我们再等等看。"

一个月过去了，理查德爵士最年长的儿子乔纳森从一匹新来的马背上摔了下来，腿骨折了。乔纳森哭了，一部分是因为受伤，更主要的是因为现在他不能跟再骑兵队的战友们并肩作战了。

"对你儿子来说这太可怕了！"所有人都哀叹着安慰理查德爵士，"太糟糕了！我为您可怜的儿子感到难过。他一定失望透顶了。"

理查德爵士再一次回答说："我们再等等看。"

之后的那个月乔纳森所在骑兵队的年轻士兵们在法兰西北部遭遇伏击，全部牺牲了。邻居们又说："你的儿子是这群孩子们中唯一幸存下来的！你太幸运了！"

“我们再等等看。”他回答道。

记住，不是太阳落山，而是地球在转。没人能对事物有十足把握，但有一个事实是清楚明白的：眼见未必为实。

Rules for a Knight
骑士会去照亮社会的黑暗，
不是从表面，而是从根本。

食雀鹰

准则十二：正义

镇上居民相信他们正在竭尽所能做自己能做的事，他们努力营救，坚持值班、守夜、点燃蜡烛、不安地祈祷着，但是死去的牲畜和烧焦的木头一直沿着沃勒岗河漂来。祖父见后问道："没人到上游去看过吗？"骑士会去照亮社会的黑暗，不是从表面，而是从根本。正义就是这样实现的——找到问题的源头。

骑士只会对一件事失去耐心：不公正。一位真正的骑士时刻准备为捍卫人的尊严而战。

在沃勒岗河畔的一个小渔村里，一个女人在洗衣服的时候看到了一只无助的小牛犊沿着河流漂下来，她丢下手头的活儿跳进水里去救这只小牛。所幸，这只小牛最后脱险了。

第二天，有人看到另外两只小牛沿着河流漂下来。最终一只获救，而另一只溺死了。到了周末，几只母牛，很多羊和一些马匹相继被救上岸。但更多死去的动物沿河流漂了下来，镇上居民们既困惑又害怕。他们不分昼夜地在河边值班，想要营救活着的动物。有些人甚至声称看到了一个死去的小孩被困在一截燃烧的树干下，顺流而下消失了。镇上居民相信他们正在竭尽所能做自己能做的事，他们努力营救，坚持值班、守夜、点燃蜡烛、不安地祈祷着，但是死去的牲畜和烧焦的木头一直沿着沃勒岗河漂来。

就是在那时，祖父、理查德、我，以及我们骑士团一些其他骑士骑马经过此地，有人跟我们讲了这件事。祖父一开口就问了一个一针见血的问题："没人到上游去看过吗？"

骑士会去照亮社会的黑暗，不是从表面，而是从根本。正义就是这样实现的——找到问题的源头。

白琵鹭

准则十三：慷慨

一个饥肠辘辘的孩子在理查德和我骑马从他身边经过时仰头望着我们，理查德递给这个男孩一些亚历山德拉为我们做的甜面包。他没有如我们想象的那样立刻狼吞虎咽，而是将面包与他的弟弟妹妹分享。我从来没有目睹过这么深刻而又简单的慷慨，我不再对这个饥肠辘辘的小男孩报以同情，而是钦佩他。

你生来一无所有，生命逝去时也不带走什么。过勤俭的生活，你就能变得慷慨。

一直以来有两种方法可以变得富有：积攒大量财富或是需求极少。

财物在大多数时候会让骑士无法集中精力于本职工作。一只狮子即便一无所有，我们还是敬畏它的威力。骑士即使聚集了大量个人财产，他的精神也不会被成堆的黄金腐蚀。骑士慷慨地将财富捐赠给每一个为实现公正世界而努力的同仁们，这样的世界里，没有孩子无法接受教育或忍饥挨饿、每个人的健康都得到悉心照料、人们可以自由开放地交流思想。骑士还会为所有那些努力工作从而让我们的土地、河流和动物生机勃勃的人提供帮助。骑士不会为奢侈品去浪费金钱，因为他知道有太多人由于沉醉于轻浮愚蠢而无法享受快乐。如果骑士发现自己荷包不鼓，他也不会感到过分困扰。一位女士的性格决定了她的价值，不是她钱包里的硬币，更不是她身上的衣物。

游隼是我见过的最快最老练的动物。值得注意的是，像很多鸟一样，游隼的骨头是中空的，这样可以轻装上阵。

在一次饥荒期间，理查德爵士和我被派到遥远的苏格兰北部去帮忙。在那里，传教士搭建起了帐篷，收容了几百位无家可归的人，他们因为旱灾、战争和疾病的肆虐而失去家园。在这里我感受到了闻所未闻的贫困：许多家庭生活在极为脏乱的环境中，死亡的味道是那么强烈，烂泥、污垢、害虫和绝望正在井里和干涸的河床里蔓延，男丁们都不见踪影。一个饥肠辘辘的孩子在理查德和我骑马从他身边经过时仰头望着我们，理查德递给这个男孩一些亚历山德拉为我们做的甜面包。他没有如我们想象的那样立刻狼吞虎咽，而是将它小心翼翼地拿在手中，全速朝他的两个弟弟妹妹跑去，并把面包分成三份。我从来没有目睹过这么深刻而又简单的慷慨，我不再对这个饥肠辘辘的小男孩报以同情，而是钦佩他。我从来没有经受过像他这样的考验，如果有的话，我希望我能像他这样正确地去面对。

国王的骑士中有许多人把骑士团的工作当作积累财富的方式。许多伟大的骑士确实极为富有，但是我知道，没有任何富甲一方的骑士会为一己私利而征税。你们的祖父在应对与财富相关的危险时有着不同寻常的立场。他憎恶收税，不会无视自己财富的来源。他总是亲自处理生活中的麻烦事。当人们怀疑我们计量的准确性时，祖父会允许每一位农民在过秤时在旁边检查。过去我曾多次跟着他去挨家挨户拜访那些在我们的辖区内生活的人们，他知道每个孩子的名字，也很了解每个家庭的生活细节。我记得有一次巡游我们的辖区时，祖父特别让我留意听到了多少次欢声笑语。

他说:“发自内心的欢笑是身体健康的表现。”

那年圣诞节，我和他参加了伦敦最富有的骑士多尔切斯特公爵举办的一场宴会。

“你听到了吗？”我们离开公爵那巨大的宴客厅时祖父问我。

“听到什么？”我问祖父。

“里边没有真心实意的欢笑,”他压低了嗓音，“有的只是冷酷的讥笑和卑鄙的窃笑……有时我觉得，人积累的财富越多，他们笑得就越少,”——他侧身靠近我，轻声说——“而且他们就越惧怕死亡。”

他稍稍顿了顿，接着又说："我开始怀疑任何要求我去买新衣服的邀请。"

当时祖父因为战功显赫和声望日盛，被邀请担任康沃尔地区的主教。每个人都觉得这是个有利可图的擢升机会，会提振声名，带来荣誉和财富。但是祖父却认为将宗教职位给一个没有政府部门工作背景的人担任很荒唐，所以想悄悄地把这个机会让出去。

"我对自己现在的状态很满意，"他向我吐露心声，"我有朋友。我擅长我的工作。那就够了。"

随后他补充道："此外，我还从没见过像我这么逗趣的主教。"

Rules for a Knight

幸福不是一个目标。

它是生活本身，是一个过程，

是一种行为。

苍鹭

准则十四：自律

你并不脆弱，积极参与生活吧。胆小通常是太过自责和自私的结果。骑士不会一赢得胜利就停滞不前；他会奋勇向前去迎接风险更大、更重要的挑战。祖父曾说：“只有两件事值得憎恨：轻松的人生和太多成功。”

在沙场征战跟做其他任何事情一样，你的表现取决于平时的积累，所以努力练习吧。勤于练习，你就能凭借自己的力量建起实现理想的康庄大道。出色来自对细节的关注。全力以赴，一如既往。不要给自己留退路。一位骑士准备得越充分，他就越不可能投降，一旦你选择退缩，你就会永远做逃兵。

你的剑必须锋利稳定，轻重得当；你的脚必须能轻松地伸进马镫；你必须最先到达并最后离开。奇怪的是，一旦做到遵守纪律，有条不紊和严守秩序，你会发现你获得了自由。在这种自由之下，一切皆有可能。没有它，跨上马鞍可能都得花一个早晨。

我们常常会想象自己努力工作直到实现某些遥远的目标，然后我们将变得很幸福。这是幻觉。幸福是目标明确的生活所产生的结果。幸福不是一个目标。它是生活本身，是一个过程，是一种行为。它来自好奇心和探索。如果寻找幸福，你很快就会发现这种行为本身就是一种煎熬。其他人，包括朋友、兄弟、姐妹、邻居、伴侣，甚至你们的母亲和我，都不能为你们的幸福负责，你们得为自己的人生负责，而且永远都要选择去尽全力过好生活。

尽你们的全力就会获得幸福，但不要过分刻意去避免痛苦或寻求快乐。如果你专注在行动的结果上，你就没法专注于行动本身。祖父并不是仅仅活在十几二十年前，他活在当下，就像你们现在这样。“要么全力以赴，要么不要去做！”他会这样放声大喊，“你要温和有礼，这样你才能变得英勇无畏。”

你并不脆弱，积极参与生活吧。胆小通常是太过自责和自私的结果。骑士不会一赢得胜利就停滞不前；他会奋勇向前去迎接风险更大、更重要的挑战。祖父曾说："只有两件事值得憎恨：轻松的人生和太多成功。"谨防自己需要或想要太多赞美。相信自己，自律、准备和经验是你们唯一需要的工具。

关于祖父的自律精神有一个很好的例子，是关于他怎样应对发生在我叔叔劳尔斐·特兰平顿爵士身上的不幸事件的。

劳尔斐叔叔实际上是祖父的大表兄。因为某些原因，大家都称他为叔叔。他极为富有并且出手大方。有一次，他赠予每位拉利德洛克骑士一个金领针。领针做工精致，形似一只咆哮的雄狮。祖父坚持认为我们应该礼貌地回绝这份礼物。"天下没有免费的领针。"他隐晦地说。

他想让我们告诉劳尔斐叔叔，虽然我们万分感激，可我们不得不顾及辖区里穷人的感受，所以无法享用炫耀这类奢侈的珠宝。大多数骑士觉得祖父作风老派又荒唐，一些人甚至指责他这么做是出于嫉妒。

几年之后我明白了个中缘由。劳尔斐·特兰平顿爵士正在策划一场跟康沃尔外围毗邻德文郡边界的一个家族的战争。当战争爆发时，劳尔斐叔叔征召拉利德洛克的骑士们为他出征。很多人遵令而行，祖父和我却没有行动。我们觉得整件事情就是草菅人命的轻率之举。

我们就是这时失去理查德爵士的。理查德爵士在对特兰平顿错误的忠诚感的驱使下奉命出征，丧命于一把大刀之下。我很爱他。从此以后我再也没有让我们任何一位骑士佩戴那些可怕的金领针。

请对信仰坚定不移，我的孩子们，你们的友谊不能被收买。

当任何人，甚至是家人，对你的行为有太极端的期望时，要小心。假借爱和忠诚之名，人们可以利用愧疚感或恐惧来操纵他人。一颗健康的道德之应该被用作内心的指南针，它只属于你一个人，不是让他人玩弄的器具。朋友和家人有时可能会令你变得软弱，他们甚至会乞求你，但是任何爱你的人想要的只是你变得强大。

Rules for a Knight

你不能等到生命中出现不可避免的风暴时

才去做应对的准备，要未雨绸缪。

大斑啄木鸟

准则十五：勤奋

所谓运气不过是刻苦努力的成果。每个人都渴望成为骑士，但仅有渴望并不能创造伟业。你是优秀或伟大，资质平平或技能超群，能够成为护卫还是骑士，都因你努力的程度而定。

一分耕耘，一分收获。每天都要进步，方能更好地践行这一准则。所谓运气不过是刻苦努力的成果。必须保持信念，绝不动摇。真金不怕火炼。

每个人都渴望成为骑士，但仅有渴望并不能创造伟业。你是优秀或伟大，资质平平或技能超群，能够成为护卫还是骑士，都因你努力的程度而定。骑士知道自己应该活得长久，以获得超群的智慧。他谨记身体不是自己的，而是祖先赐予的礼物。因此，他不会用醉人的酒酿来伤害身体的根基。他进食是为了活着，可活着却不是为了进食。他会保持牙齿和手的清洁，也会通过每日的锻炼和冥想来保持身体与思想的敏锐。骑士会保持充足的睡眠以镇静心神，但决不嗜睡。在家人和朋友需要时，骑士总是随时准备好伸出援手。

记住，诺亚在洪水来临前造好了方舟；同理，你不能等到生命中出现不可避免的风暴时才去做应对的准备，要未雨绸缪。当身处安定的生活时，我们怎样利用时间将决定我们在危机中的表现。

我常常想起卡尔古城那场伟大的围城之战。数量庞大的攻城士兵们在石墙外将卡尔城围困了六周之久。他们想在冲进城里之前让里边的人好好地感受一下饥饿的滋味，这样待到他们攻城时，守城的军队就会因弹尽粮绝而投降。但事实恰恰相反，当那些侵略者冲进城去，却发现城里的街道上和房屋里早已空无一人。早在前些年，卡尔城的骑士们就打造好了通向偏远树林的地下隧道。所以当凶残的侵略者围城的时候，卡尔城的全体居民早已带着孩子和财物悄无声息又安全有序地逃走了。这就是所谓的有备无患。

蓝喉歌鸲

准则十六：谈吐

除却流言蜚语和长舌妇，夸夸其谈也是友谊的敌人。骑士不会说他是多么喜爱那崭新的剑鞘，也不会说如何恨他自己。他知道言辞有特殊意义，所以不会不恰当地使用它们。

除却流言蜚语和长舌妇，夸夸其谈也是友谊的敌人。骑士不会说他是多么喜爱那崭新的剑鞘，也不会说如何恨他自己。他知道言辞有特殊意义，所以不会不恰当地使用它们。为了引起他人同情而贬低自己也不是谦虚。女士要记得不要喋喋不休。她嘴里说出的话、内心的想法，要和她的行为保持一致。

骑士不会发牢骚。他会让自己参与作出有影响力的决策去改变事物，而不是用他的不满来加重世界的负担。

祖父和我曾骑马在康沃尔南海岸附近的高山间穿行，目的地是泽诺城堡。我们走了很久，已疲劳不堪，而城堡大门还高高地屹立在悬崖峭壁的顶端。就在我们艰难地骑行于陡峭的山坡时，一片晚霞洒落在沉闷的景观上。我记得自己大喊：“哦天啊，快看太阳！真是美得难以形容！”祖父点头表示同意。我们接着前进，走得越高，夕阳的盛景越壮观。于是我不停地说着赞美之词：“祖父，看到那万丈霞光了吗！看看那浓烈醉人的红，还有如火燃烧的黄！是不是很神奇？”祖父只是点点头，躬身骑在马背上。当我们到达大门口时，太阳已沉入地平线，夜晚正式降临了。我问祖父：“您不觉得夕阳很壮观吗？为什么您什么也不说呢？”

“太阳本身就说明了一切。”这位老骑士回答道。

稍后，我们准备休息，各自舒服地躺在城堡塔楼里的铺位上，我的心还是不能平静。

“祖父？”我轻声问，“观察、记录和评论这世界的美有什么错吗？”

接下来是一段很长时间的沉默，我正猜想老人是不是已经睡着了，突然他用如月光般明朗的声音说道：“我们去钓鱼时，用饵的目的是什么？”

“为了钓上鱼。”我回答道。

“捕兔网又有什么用？”

“为了抓兔子？”

“正是如此，”他回答说，“鱼被钓上来的时候鱼饵去哪儿啦？兔子捕到以后网去哪儿啦？”

我不太确定正确的答案是什么，只好试着说了句：“不重要了？”

“没错。言辞的目的是传递思想，对吗？当思想被理解之后言辞去哪儿啦？”

“不重要了？”我问道。

“没错，”他说，“现在，我们如果还能找到一个能懂得沉默是金的人，我可得和他好好聊聊……”

他轻声笑道，很快，我就听见他发出重重的呼吸声，进入了梦乡。

我躺在那儿无法平静，望着他床上方小窗外的风景。月亮明亮而圆满。这扇小窗只不过是墙上的一个洞而已，却让整个房间洒满了月光。

家燕

准则十七：信念

我为什么活着？我出生前在哪里？我死的时候会遭遇什么？我为什么要遵守这些守则？试着问一些难以回答的问题，看看你的长辈们对此会如何作答吧。我们的祖先充满智慧，并将这些智慧一代代传承了下来。

若要精于事，必先专于是。

作为你们的父亲，我见证了你们的每个生日，也见证了发生在你们每个人身上的奇妙转变。无论我们的生命源自何方，它都是深刻、野性、神秘而充满未知的。我无法控制它，你们也不能。事实上，我们只能选择如何去应对当下生活的种种问题，却很难掌控什么。不要忘了，有些事物是那样美丽而精致，它们不该被拿来谈论，只能亲身去感受。

去发现、触碰、感受那些不应该拿来谈论的事物是每一位骑士和女士美妙的任务。我们追寻什么就会找到什么，所以留心你自己的愿望吧。永远不要在没有亲身经历时就做出重大决定。当你心存怀疑时，请记得这条黄金法则：己所不欲，勿施于人。

信任你所尊敬的人，你爱的人，和爱你的人，更重要的是，相信你自己的直觉。不要被愚弄，不要太着急。有足够的时间让你犯错。

我为什么活着？我出生前在哪里？我死的时候会遭遇什么？我为什么要遵守这些守则？试着问一些难以回答的问题，看看你的长辈们对此会如何作答吧。我们的祖先充满智慧，并将这些智慧一代代传承了下来。

你没有创造山峦、海洋、太阳或雨水。你甚至没有创造自己。所以你尽可以放松，这个世界的重担并没有独落在你一个人的身上。

切忌对任何事物过分狂热。人们常说某人非常神圣，可以在炙热的火炭上行走，或某个女人因祈祷而获得神力，能在水上起舞。但对我而言，能够行于地上已经是个了不起的奇迹了。

我记得我们村有个美丽的女人，名叫丽莎·恩格哈特，她有一个漂亮的儿子和一个很好的丈夫，可惜两人都死了，她也因悲伤过度而发了疯。她出身贫寒，童年常受轻视。她和丈夫相爱后，社会地位提升了，后来又生了个漂亮的男孩，他们收获了很多人的友情，为众人所羡慕。可没想到她的丈夫和儿子会先后患病离世。儿子死的时候，她无法接受，拒绝相信自己年幼的满头金发的儿子就这样死了，她抱着儿子的尸体挨家挨户地求药，但乡邻们实在不知该说些什么或做些什么来帮助她。最后她找到了祖父。他的反应让我震惊。当她来到他面前时，眼里满是因悲恸所致的疯狂。“您有没有药可以医好我的儿子？”她问。

他回答说：“有的。我想我可以帮忙。”

此时我正站在他身后，不知该说什么好。

“把孩子留在我这里吧，”他说，“我知道有种别人都不知道的药。”

丽莎脸上的神情立即放松了。

“我需要芥菜籽。”他告诉她。

“我有。”她迅速地说。

“不是什么芥菜籽都可以，”他说，“我需要你去佩林特郡，挨家挨户地敲门，尽可能谦卑地告诉他们你在寻找一个没死过人的家庭。等到你找到的时候叫那家人给你一些芥菜籽。然后马上把它们带回来给我。在这期间，我会照顾你的孩子，直到你回来。”

可怜又可爱的丽莎很高兴。她信誓旦旦地说：“我会回来的。”没错，你可以想象到接下来的画面，她到访的每家每户都失去过至亲之人，他们给不了她芥菜籽。一家又一家的人们向她讲述了他们失去挚爱的故事，令人万分难过。当我再次在门口见到丽莎时，她看上去无比苍老，但显然恢复了理智。祖父和她在我们马厩后面的小山上举办了一场小型火葬仪式。我帮忙点了火。他拉着她的手说："看吧，一切都会过去。但是要相信，无论你的儿子身处何方，我们很快也会去到那里。此时发生在你家的事正在我们所有人身上发生。”

我知道现在我应该去睡觉了，但是有一只猫头鹰正在窗外叫着，希望我继续给你们写信。我莫名地觉得，只要我继续写下去，我们就会一直在一起。

Rules for a Knight

这故事古老得很，如时间般长存，

是有韵律的大地的寓言。

灰林鸮

准则十八：平等

那些自称是骑士的人常常自命不凡、自以为是。我们确信自己对周围的一切都了如指掌，我们认为自己公平、高贵、聪明，甚至相信我们做任何事都已经尽了全力，已经发挥到极致，然而，显然我们当中的大多数人根本没有深入思考过。在我们说自己真的已经尽了全力做到最好之前，每个人都还有很多东西要去追寻。

玛丽－萝丝，科文，艾达玫，看到这儿我想你们就能明白祖父对于性别平等的立场。当然，无论男女，我们都将经历不同的人生历程，但这一基本的真理对两个性别同样适用。历史上有许多伟大的骑士是女性，尽管一些心胸狭窄的统治者经常会以不那么动听的名字来称呼她们。

一想到平等，我仿佛就能听到《四十四支鹿角尖的红鹿王之歌》开篇那几句。我知道你们的母亲喜欢为你们这群孩子唱这首歌，但你们可能不知道是我教会了她歌词。

我第一次听到这首歌是在一个傍晚，在一个伦敦以北距伦敦有两天脚程的地方，当时拉利德罗克的骑士们正在那儿宿营。对我来说那是个奇怪的地方，阵阵鬼魅的微风吹来，让周围的一切都显得飘忽不定。我们一起度过了一个非常美好的狩猎日。我带着我的第一只鹰，是祖父让人从千里之外的挪威买来的。它的眼睛生下来就被缝了起来(我知道你痛恨这样的行为,玛丽－萝丝！)，它就像我们最好的猎犬一样乖顺。这只鹰为我们找到了我见过的个头儿最大的红鹿，它是只长着三十二个鹿角尖的雄鹿，重得四个人都抬不动。

我们在一圈巨型岩石中间扎下营来，这些岩石由一群古老得几乎被遗忘的人们矗立起来，看上去像拥有某种隐秘的力量。我们当中有个较为迷信的人，在石阵圈中吓得无法入睡。祖父和我却被这股神秘的力量所吸引，在石阵中心点起了篝火，很快，所有的人都在我们附近扎下了营，只有最年长的安格斯·道尔爵士在圈外搭起了帐篷。

“您真是越老越糊涂啦，老伙计。”祖父大声向道尔爵士喊道。

“我才不害怕这些石头，”头发斑白的老骑士说，“我只想离那些杀鹿的蠢蛋们远一点，多漂亮的一头雄鹿啊……就这么死了……”

“它确实很漂亮，”我说，“我想，看到它倒下时大家都很难过。”

“的确有点。不过我们才不是蠢蛋咧，”理查德爵士拍着大肚子大声喊道，“这是我们这些年来吃过的最香的一顿饭！”

“年轻的骑士们，”——道尔愁容满面地看着祖父——“人们在谈论骑士精神，人们在谈论荣耀与平等，而你们却在那古老的森林中杀害了一只长了三十二个鹿角尖的好鹿。你们准是没听过那首‘歌谣’吧？”

我们面面相觑，不确定老道尔指的是什么。

“他们不知道，”祖父静静地说，“连我也只是记得一个片段。请到火边来为我们歌唱吧。不要生气。请教教我们。”

这位老骑士从黑暗中走过来，背对着一块巨石坐下，翩然跃动的火光照亮了他的脸。

“很久以前，我们周围的这些巨石曾有一个石顶，上面有一座雕像，用以纪念那‘四十四个鹿角尖的红鹿’。”（艾达玫，四十四个鹿角尖是说它的鹿角上有四十四个尖儿。）

老道尔接着唱起了《四十四支鹿角尖的红鹿王之歌》。你们都听妈妈唱过这首歌，知道它的旋律很动人，但当时老道尔的歌声可不像你们母亲的那般悦耳动听。

他的嗓音衰老而沙哑，听上去倒像我们头顶上那摇动的树枝在歌唱。你们这些孩子现在很熟悉这首歌，但是要知道，那时我才第一次听到它。想想看，在夜晚听着那些歌词，身处歌谣描述的石阵中，歌者是活下来的最年长的老者。那感觉就像脊背上爬满蜘蛛，仿佛数千年前的鬼魂正在我们身边游荡。

一个小鹿崽央求他母亲：

妈妈请您讲一讲，那只伟大的红鹿王。

他曾说，一切都会好起来的。

那四十四支鹿角尖的雄赤鹿，

是他结束了爱德华的残酷战争。

这故事古老得很，如时间般长存，

是有韵律的大地的寓言。

如月亮的圆缺，如太阳的升跃，

以及潮汐的起伏，充满智慧直到永远。

老骑士道尔的演唱即将结束，我们都屏息聆听着它最终的合唱部分，它讲述了那只非凡的雄鹿怎样牺牲自己保全森林里其他动物的故事。此时我们都注视着火光中起舞的巨石的影子，我想象着很久以前那石顶是什么样子，想象着这只伟大动物的雕像的样子，渴望能够看上一眼。我猜我们当中有些人并没有受到这气氛的感染，他们开始抱怨："实在太长了！这老得掉渣的歌谣到底想说什么，道尔？"

"旋律相当优美，"理查德爵士开口说，"但是说真的，道尔，你知道鹿是不会说话的！"所有人都笑了。

“道尔爵士是在说，”祖父斥责道，“那些自称是骑士的人常常自命不凡、自以为是。我们确信自己对周围的一切都了如指掌，我们认为自己公平、高贵、聪明，甚至相信我们做任何事都已经尽了全力，已经发挥到极致，然而，显然我们当中的大多数人根本没有深入思考过。在我们说自己真的已经尽了全力做到最好之前，每个人都还有很多东西要去追寻。”

我觉得，这就是知道这首歌的意义。

Rules for a Knight

“爱”不只是一个词，它更是一种行动。

爱是责任，是保护，是一种呵护。

疣鼻天鹅

准则十九：爱

保护年幼者，照顾好你的兄弟姐妹们，照料好长者，这样度过人生是最有意义的。不要限制家庭圈子的大小，爱可以无限量地与人分享。

爱是终极目标。它是我们生命的音乐。没有爱不能移除的障碍。

世上那些非凡的骑士和女士们，他们是伟大的领袖和勇士，也是治愈者。他们用爱来战斗，用爱来引领，用爱来治愈。这并不意味着他们回避或逃避抗争，有时你必须为你的信仰而战斗。勇敢面对困境，永远比在不义和不公的环境中苟全更可取。骑士永远不会挑起战争，但是会带着清醒的头脑参与到战争中。他们无所畏惧，不会生气，不会报复，只有这样他才能准确地去判断此刻战争是唯一解决矛盾的方法，从而以更坚定的信心投入战斗。

当你无法控制自己的怒气时，离开让你发火的地方，把嘴巴闭上，直到心情平复为止。恐吓别人，让他人觉得自己很渺小或害怕是很容易的事，但这不是强大。伟大的骑士或女士会用自己的力量让他人也感觉到自己充满力量。你们也有行善的力量，所以，要去行善。

保护年幼者，照顾好你的兄弟姐妹们，照料好长者，这样度过人生是最有意义的。不要限制家庭圈子的大小，爱可以无限量地与人分享。

在追求伴侣时，真诚是首要的条件。为了做到真诚，骑士首先要亲近自己的灵魂。这不是一件容易做到的事，也不是一朝一夕就可以做到的事。我们的内心都藏有秘密和顾虑，只能与我们珍惜、尊敬和信任的人分享，身体也同样如此。但有些私密的地方我们不需要分享，也没有必要去分享。

骑士做事总是会深思熟虑，井井有条。他关注自己的内心和他人的内心。要谨防虚假的情感，它没有任何意义。向他人表达敬意应该出于真诚,而非为了取悦对方。要知道，“爱”不只是一个词，它更是一种行动。

不要把爱和欲望或占有混为一谈。越是激情四溢，越要心存怀疑，因为它能够把爱变成某种像过度饮酒一样具有毁灭性的灾难。我们付出爱，就是把幸福带给我们的所爱。爱是责任，是保护，是一种呵护。

我与你们的母亲相遇时她十六岁。对我来说，这是个又长又难为情的故事,但你们应当知道。我们初次相见时，我正跟其他人一样，深陷于对约克郡公爵夫人的爱慕之中。我只见过公爵夫人一次，但从我们眼神接触的那一刻起，我就无可救药地“爱上”了她。我每晚都梦到她将会成为我的新娘。她身着精致的长袍，看上去那么迷人，满身珠光宝气，还有两名女仆侍奉在左右。噢！我渴望她能注意到我，我们将会成为世上最有名望的夫妇！我做着白日梦。可是，事情并没那么顺利。我给她寄了一封长长的情书，意在向她表明我不仅是全世界最英勇的骑士，也是一个伟大的诗人！一开始这招似乎奏效了，我获邀参加了她的一系列舞会，并成为了她的大约三十名求婚者之一。好几次，我被允许与她在花园里散步，有两次我甚至受邀去喝茶。慢慢地，我开始怀疑我只是她为了赢得菲利普王子的青睐而玩的游戏里的一枚棋子。一天，她的秘书写信对我说，我不用再去信或登门拜访了。我很失望。一周之后，她与王子的婚讯就正式公布了。但我拒绝接受失败，我纠结在一件事上：赢回她的爱并阻止这场虚假的皇家婚礼。显然，公爵夫人应该跟我在一起！

之后事情出现了意想不到的反转。很突然地，我家的房子被烧毁了将近四分之一。直到现在我们也不知道这是如何发生的，可能是因为我们的壁炉年久失修。我沮丧地觉得这都是我的错——是我把一些没用的杂物放在了火炉旁边。房子损毁严重，更糟的是，祖父也受了伤。为了把火扑灭，他身体被严重烧伤，疼痛难忍。他并没有责怪我，而是气恼自己没有修好烟囱。但是我无法摆脱负疚和自责。听说有个住在二十英里以外的女人擅长治疗烧伤，我便去她家拜访，却发现这个女人刚刚过世了。不过，她的女儿说能帮忙。这便是我和你们母亲的初次相识。

在返家的二十英里的路上，你们的母亲坐在我的马背上，我向她坦白说那场火灾很可能是我的错，这令我内疚不已。说来惭愧，其实我还向她提起了我那段可笑的激情往事和对约克郡公爵夫人无可挽回的“真爱”。那天，我们谈了很久。这段路我们每周会走两遍，一去一回。你们的母亲是一位出色的护士，很快就缓解了祖父的疼痛，加速了他的复原。她耐心倾听我对公爵夫人的痴情荒唐事，并给我建议，帮助我原谅了自己在这场事故中的过失。毕竟祖父活了下来，我还有很多孝敬他的机会。

祖父不再需要治疗后，我发现自己开始每天给你们的母亲写信。起初我只是写信报告祖父的康复进展，但是之后我们通信的内容就变得更加亲密。几年下来，我们成了很好的朋友。你们的母亲是个很出色的作家，她娟秀清晰的字迹和简洁的内容展示出了她的真性情。她总能让我开怀大笑。说来奇怪，我从来没有想过可以跟她发展浪漫关系，而是一直专注于自己的工作，同时对自己也总是感到失望。在她的表亲菲尔达的婚礼上，你们的母亲第一次和我跳舞，那时我就像挨了一巴掌似的，突然清醒地意识到，我爱这个女人，爱她的身体和灵魂，而且已经爱了很久。多奇怪啊，我居然从来没有意识到爱情已经降临，尽管整个少年时期我都期待着狂野的、势不可挡的爱情。有了你们的母亲，让我觉得被爱是那么健康，那么诚实，那么有益身心。一支舞毕，当所有人都在室外打闹时，我们不小心吻在了一起。这有些尴尬，我们俩都不能确定这是怎么发生的，也不清楚接下来会发生什么。那天晚上余下的时间里，我一直在看她弹奏扬琴。她的身心仿佛与智慧已融为一体，一切都是那样的和谐。弹奏时她的胸口不停起伏着，但似乎根本不是在呼吸，而她自己更像是一股在这呼吸中流动的气息。从那一刻起，我的心就完全属于她了。

我并没有像歌里唱的那样与你们的母亲“坠入爱河”，或是像我对公爵夫人那样一见钟情。不，它是渐渐产生的感情，因为从未“坠入”爱河，我想我也就永远不会“离开”爱河吧。我们没有深陷，而是产生了一种微妙的与日俱增的感情。这种关系给我以能量，欣喜，欢笑，浪漫以及纯粹的幸福。但最重要的是，我们一直并且永远会是朋友。我知道这恐怕不是年轻人爱听的浪漫故事，但是我保证，如果老天允许我实现一个愿望，我会愿你们每个人都能感受到我与你们母亲的这种爱情。

为什么此刻他会觉得如此孤独？

为什么他的成就会显得这么无足轻重？

为什么之前他野心勃勃，

现在会感到这么空虚？

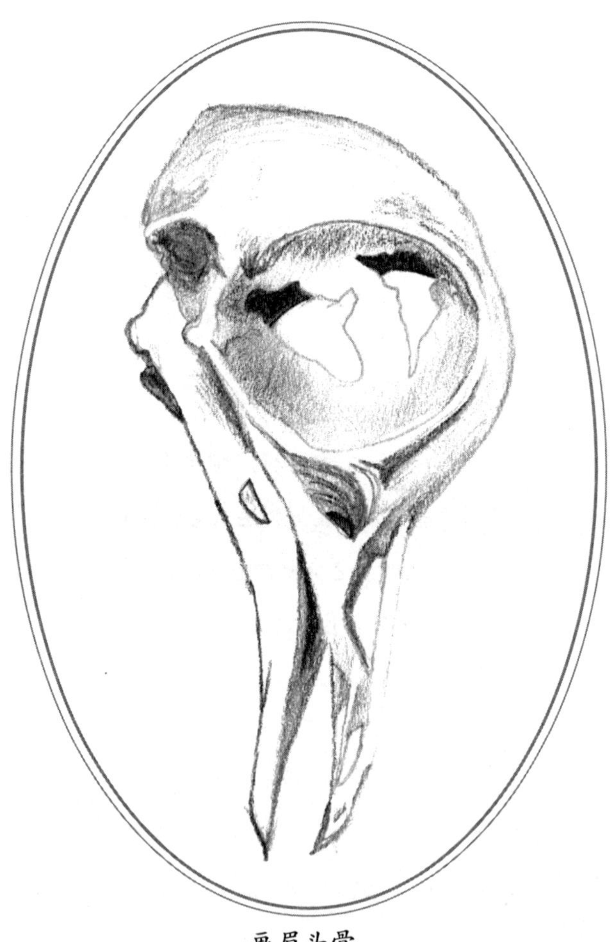

画眉头骨

准则二十：死亡

人生就是一长串的告别。那天晚上，就在你们的母亲帮着准备食物，在我准备抱着莱缪尔上床睡觉的时候，祖父在沉睡中过世了。我想象到他的盔甲和剑还待在海底，上面爬满了牡蛎，一群群小鱼儿在他那副已经碎裂的护胸甲间游来游去。可是，他已经走了。

人生就是一长串的告别。死亡是注定的，只有人生境遇的变迁才不可预料。身为一位骑士，会对老天赐予自己的生活心怀感激。他无惧死亡，因为即使一位骑士在有生之年无法完成光辉业绩，也必会有他人为他完成。

作为一位骑士，重要的是活着的一生如何度过，而不在于他生于哪天死于何时。所以我不希望我死时你们为我进行不当的哀悼。无论今日辛苦抗争的结果如何，我都会坦然接受。过去和将来活在每一个逝去的瞬间。永恒并非始于死亡时分，它正发生于此时此刻。

暮年之时，祖父病得很重，而且他知道自己已时日无多。尽管拥有先人们的教诲和他自己累积的智慧，他还是突然变得极其害怕死亡。在八十年的人生历程中，他成就卓著，却仍渴望做出更多贡献。

他觉得被打败了：身体那么疼痛，许多自己热爱的事情也做不了——他曾觉得这些事他可以永远做下去，直到死亡突然将他带走的那天。然而死亡并没有突然来临，它来得很缓慢，他知道它会这样。他变成了我曾熟悉的那个人的一个衰弱的影子。他觉得，要是他之前没有犯错的话，现在就不会变得这么虚弱。

祖父不是完美的。在他的盛年，他是我所知的最非同凡响的人，但是在生命后期，他已经告别巅峰状态。他的身体疼痛至极，以至于根本听不进任何人的话，连我祖母的话也不听，当然更不听我的了。

一天下午，他悄然从我们身边离开，穿上他最精致的盔甲，走向外边的马厩，跨上他那匹名叫“凯旋”的老马。他们就这样向海洋奔去。我想跟在他后面确保他不会摔下来,可祖母让我由他去。“如果他想要挑衅死亡,”她说,“就随他吧。”

当他来到我们的领地与大海接壤的那片沙崖时,他坐在那匹老公马的背上,久久地凝视着汹涌的波浪此起彼伏地拍打着海岸。直到夜幕降临,他依然坐在那儿。他的目光盯着黑色的地平线,偶尔转移到疲惫的马身上,渐渐睡着了。

天渐渐亮了起来,清晨如约而至。他能感到胯下的凯旋因为精疲力竭和饥饿开始抽搐。凯旋也老了。祖父从马上下来,向这位值得信赖的朋友告别。他们曾一起赢得赫赫战功,但是老骑士开始意识到,这是一场他必须独自迎接的战役。可是,当这匹马终于离开的时候,他依然情难自已地感到惊讶。他觉得被老朋友抛弃了,他的孤独是如此难以忍受。他坐在海滩上,被他精心擦拭过的钢铁盔甲上沾满了盐和沙。

Rule 20
死 亡

他这一生都在谨遵骑士守则，它们支持他度过了光辉的一生。他总是试着把自己当作一棵根系庞大的树，从许多元素中汲取营养：他的妻子，他的孩子，他的朋友，他的工作，他的奉献，他的社会。为什么此刻他会觉得如此孤独？为什么他的成就会显得这么无足轻重？为什么之前他野心勃勃，现在会感到这么空虚？他曾幸运地拥有长寿健康的人生，大部分时间都能睿智地应对各种状况。虽然并非总是如此，但绝大部分情况下他都能提醒自己要珍惜自己拥有的，而不去垂涎不属于自己的。可是这即将到来的死亡将剥夺他曾经拥有的一切，到时甚至他自己都将不复存在。哦不！他害怕极了，他不想死。他爱他的妻子，他们多年来始终相濡以沫，每天早晨醒来时，他都会默默感谢她在茫茫人海中、在众多的好男人中选择了他。有时他们一想到对方选择了与自己共度一生甚至会感激得眼眶湿润起来。为什么祖母不能跟他一起离开呢？最终她也会跟来的，加入往生者的天堂，祖父自我安慰道，却抑制不住此刻心中对死亡的恐惧。

海浪依然此起彼伏地拍打着海岸，他感到无比地茫然失措。他自孩童时期起就再没有过这种失落。他是不是做错了什么？难道他没有爱自己的邻居吗？难道他没有按骑士守则行事吗？为什么这些守则现在不支持他了？愤怒之下他脱掉了盔甲，将它一块块扔进大海。此时的他没有防备、脆弱不堪。他想，我只是一个名叫莱缪尔·格林的人，我有那么重要吗？就这样，他彻底冷静了下来。他举目望向他的盔甲，澎湃的海浪正将它们在海岸边抛来掷去。慢慢地他想起来，他不是唯一一个正在走向死亡的人。每时每刻都有万千死亡发生，也有许多生命降临。他并不孤独。他能听到，与海浪的拍击声交融的，是婴儿们初临人间的哭啼，是母亲们痛并快乐着的哭喊，是濒死的人即将泯灭的最后一声叹息。他能听到他这一整代人像大海的波涛，被推送到海岸上，现在又齐刷刷地被冲回海中。波浪消失的时候，没有遗失什么，也没有得到什么。浪花只不过是水罢了。

如此，此刻依然，永远如此。海洋并没有改变。一时之间，他不再感到恐惧。一种熟悉、伟大又神圣的宁静似乎包围了他。他无法战胜也没有战胜死亡，但是在这漫长的人生中他学到了一件事，那就是不论对一个事物是否看得明白，其本身并不会改变。但是，当对事情有了理解以后，恐惧就会减少，信心就会增长。他对自己微笑——他到底在害怕什么？毕竟他已经死过这么多次：那个曾在阿金库尔战役中做弓箭寻回手的男孩已经离开很长时间了。那个和妻子结婚的年轻男人呢？也已经离开了。那个带领拉利德洛克的骑士们多次在战场上披荆斩棘的成年男人呢？离开了。这个老人很快也会离开。慢慢地他开始吹口哨，就像只站在脆弱易折的树枝上歌唱的鸟儿。哪怕知道那树枝即将断裂，鸟儿也依然歌唱，因为它知道它有翅膀。

祖父把剑扔进大海走回了家。凯旋很开心又看到他。祖母责怪他走得太久了，连件像样的外套都没穿。我记得大家都因为他害我们担惊受怕而生气。那天傍晚，祖父坐在火炉旁向我详细讲述了他一天的经历。他现在冷静多了，恢复了他平时的样子。

祖母走到房间里问："好啦，你现在想吃饭还是去睡觉？"

我立刻说我觉得他应该吃些暖胃的东西。

她离开房间时，祖父低语道："你一定比我聪明得多。"

"为什么这么说？"我笑道。

"因为无论别人什么时候问你问题，"他咧开嘴，露出门牙间大大的牙缝发起了牢骚，"你的回答总是脱口而出。而我呢，得在说话之前先思考一下。"

之后我们俩安静地坐在那儿凝视着火炉。

那天晚上，就在你们的母亲帮着准备食物，在我准备抱着莱缪尔上床睡觉的时候，祖父在沉睡中过世了。我想象到他的盔甲和剑还待在海底，上面爬满了牡蛎，一群群小鱼儿在他那副已经碎裂的护胸甲间游来游去。可是，他已经走了。

现在是早晨了。寒冷的空气啃噬着我的手指，召唤着我回家享受温暖。我多希望这一刻没有来临。某一天，其他人会向你们解释我们的人民不得不面临的难以接受的处境，但是现在，我确实对于骑士们和我所投身的事业没有一丝怀疑和顾虑。我只是期望我这样为了集体利益而奋斗，不会影响到我履行对你们的责任。

请原谅我把这封信写得太长。那只陪在我身边的猫头鹰早已经飞走。我边看这些信边回顾往事，发现我曾经那么任性。这些都是你们要亲身去学习的课程。太阳已经升起，我很傻地一宿没睡。你们也看得出来吧，我还有许多东西要学。

最后我还有一个想法。（请原谅我！但是如果我不写下去就真的要说再见了！）我脑海中的记忆让我无法离开。去年夏天你们全都在海边玩耍。我们和你们的母亲还有她妹妹一家在一起，还记得吗？那天天气极好，阳光灿烂，天空湛蓝。你们四个人和你们所有的表亲们用温暖松散的沙子搭建城堡。你们每个人都独自建了座城堡，并宣称："这是我的！"、"那是你的！"、"离我的城堡远点！"

当所有的城堡都建好后，你们的表兄华莱士淘气，踩坏了科文的城堡。莱缪尔，你立即因为想保护妹妹而变得怒气冲冲。你只是想照顾你的妹妹，我知道。玛丽-萝丝，你觉得莱缪尔反应过激，所以你把他摔在地上。接下来，所有的孩子扭打在了一起，还乱扔沙子，眼泪横飞地嚎叫，相互推搡扭打。年幼的沃利不得不被领回家，在你们姨妈的怀里抽泣。他走以后，你们回去跟你们的城堡玩耍了一会儿，但很快就去游泳了。之后天阴下来，没过多久就到了我们启程回家的时间。没人再去在意那些城堡。艾达玫，你把自己的城堡踩烂了。科文，你用双手把你的城堡推倒了。然后我们都回了家。轻柔细雨把所有城堡都冲回到了大海。

请友善地相待彼此。

我爱你们所有人，也知道你们年长些的孩子希望今天能跟我一起出征，但是你们能全部安然无恙地待在家里让我无限感恩。如果我们这辈子不会再相见，愿你们知道，每一年，我都会化作你们脚边令树叶沙沙作响的秋风，化作冻僵你们脸蛋的冬雪，化作淋湿你们头发的春雨，更化作灼烧你们手臂的夏炎。我将永远与你们同在。

四十四支鹿角尖的红鹿王之歌

一个小鹿崽央求他母亲：
妈妈请您讲一讲，那只伟大的红鹿王。
他曾说，一切都会好起来的。
那四十四支鹿角尖的雄赤鹿，
是他结束了爱德华的残酷战争。

这故事古老得很，如时间般长存，
是有韵律的大地的寓言。
如月亮的圆缺，如太阳的升跃，
以及潮汐的起伏，充满智慧直到永远。

当春日的晨风，吹过初建的巨石阵，
一只母鹿带领小鹿，踏过草场上湿润的露珠。
小鹿崽勇敢无畏而万分好奇，
他不禁问道：
“妈妈，草场中的巨石雕像是谁？”

母鹿答道：
“我可爱的孩子，那宏伟的雕像，
是长者爱德华所竖立，
它傲然独立于世上，
孩子啊，这就是我们的鹿王！
他做了件伟大的事，
正好在你的出生之日。”

“我的生日？请给我讲讲这个故事！
为什么那天，会是他的荣耀之日？”
“之所以带你来此，我的孩子，
就是要完整地告诉你这故事。

“这是两位强大君王的传说。
这传说是惨剧也是奇迹。
那天我肚里正怀着孩子，
那天我和孩子差点要去送死。

“故事就发生在这个地方。
那令人生畏的战争之王，
在这片草地上，我初见他的模样。
他追捕着我们，企图将鹿群杀光。

“这是为了什么？他为什么要去杀戮？
为什么他要捕猎我们？是为了获取快感。
他钟爱这个游戏，他也痴迷于追逐。
我们恐惧的气息，让他石头般的心跳动加速。

“他宴食我们的躯干，撕咬我们的血肉；
我们的眼与舌，他也觉得香甜可口。”
小鹿恐惧地打着磕巴：“哦，不要！”

“是真的，”母亲说，
“爱德华就是这么狠毒。

“所以你要认真听，听仔细，
这个神奇的故事讲述的事情。
它记载了我亲爱的孩子如何来到世上，
和红鹿王陛下的无上荣光！

“爱德华，爱狩猎胜过一切。
那豪华的利剑，时刻准备砍落，
那长弓和短刀，从不离开手边。
祈祷让他无聊，农耕更令他生厌。

“他那乖巧的白骏马，也永困于缰绳的束缚。
他那曾健康的国家，已变得空虚散漫。
店主和裁缝们纷纷被迫放下手艺，
木匠和农民也被勒令，
全部被征去为国王狩猎。

“人们丢弃的工具，被遗落在泥地，
谷仓没有完工，家也只砌好了半壁。
陶艺家告别了陶土，修鞋匠抛开了皮鞋。
校舍空荡荡，对诗人而言，缪斯已永别。

“人类想要的，可不只冰冷的刀剑，
他们得到了血和肉，却还想要生命的自由！
于是他们想出了妙招，
把鹿群关在猎场里的围栏中。

“这样每当爱德华想吃肉，宰杀便易如反掌，
他设下的栏圈，将鹿们困在了砧板上。
国王亲自去查看他的鹿群，
他观察着这些动物，
他发现它们的性情实在温和又淳朴。

“‘我的子民不愿捕杀你们这群野兽，

宁愿做些可笑的活计来糊口。
但一国之王必须有自己的见识。’
长者爱德华觉得自己很明智。

“有两只雄鹿特别出众，
一只白色，鹿角尖一个不少，
另一只红色，更加壮美，
他头顶上的鹿角，长着四十四个尖。
‘那两只，’爱德华说，‘那两只必不可杀。
不要猎捕它们，我要让它们活着。’”

“妈妈，”小鹿再次发问，
“红鹿是这两个鹿群的王者？”
“儿子请你耐心聆听。
勇敢一点，听我把故事讲完。

“人民安然无恙地离开，回到了他们的家里。
而那群鹿，却失去了奔走的自由，身陷囹圄。

只要每天射杀一只鹿，鹿肉就唾手可得。
‘现在凡事简单’，成了猎人们的口头禅。

“但受困的鹿群，境况却叫人唏嘘。
他们中的许多，被箭穿身而过，
其余的同样不幸，
在躲藏时被踏伤，奄奄一息。

“日杀一鹿，周而复始，
但致残的更多，鹿群每日惊恐交瘁。
早上猎人一出现，恐惧就会点燃。
鹿群会因为恐慌而乱作一团。

“那红色的鹿王，向白鹿王走近，
他们商量了片刻，做出了决定。
每隔一天，两个鹿群会自动献上一只鹿，
这样也许恐慌和混乱，会就此止住。

“这是个糟糕的办法，但痛苦可以减轻。
头领们很严肃，鹿们却很不高兴，
鹿王们又各自向自己的子民将局势说明。
一只雄鹿抽中了签，一下子面无血色，
他颤抖着独自去面对死亡。

“猎人们看到那独自现身的雄鹿，
也忍不住惊叹：‘这群鹿真不简单！
它们真是有智慧的动物。’
一支箭飞起来，刺穿了雄鹿的心脏。
这悲惨的传统就此登场。

“每个早晨一只将死的鹿会被送走，
这种表面的平静一直持续了数周。
直到厄运击中一只温和的母鹿，
她的腹部隆起，是孕育着孩子的母亲。

“这就是我，我怀着的孩子就是你。

当时我的思绪很混乱，我该如何应对这困境？
抽签的规则明确而清楚，我们将会死掉，
我能感到全身的血脉在剧烈地冲撞。

“‘白鹿王，’我四膝跪地哀求：
‘我求求您，抽签已决定了我的命运，
但我腹中孕育着一个即将出生的孩子。
我心甘情愿，只要让我的鹿宝宝存活于世。

“‘一旦他能够独立存活，
我愿意粉身碎骨也不喊委屈，我会去死。
但望您体谅我的苦楚，请放过我的孩子。’
‘不行，’白鹿说，‘你的痛苦我爱莫能助。
签运如此，你们必须赴死。’

“‘哦！’我满目泪水，恸哭不止，
我垂头丧气，甚感绝望，
犹如在汹涌的海浪中颠簸，

我和你的性命都将惨遭剥夺。

“幸运的是，那只四十四支鹿角尖的红鹿，
他朝我们走来，聆听了我的祈求。
他对我说：‘亲爱的母鹿，
在你的小鹿出生前，活下去，快离去！
步伐要快心要平静。’

“我感激得说不出话，飞奔着离开了那里。
暂时逃离了死亡，迎来了新的阳光。
但是有个问题，我将不得不去面对，
那就是会有鹿不得不代替我，去承受死亡。

“森林里，雨水滋润着万物，
有人将体会到我本应经历的痛苦。
是红鹿王从容地走向了弓箭。
他望着一群麻雀，说出了再见。
“原来是换他人去替我牺牲？但这不该是红鹿王！

他就要因我而死，因我而死亡！
我已远远看到那箭向他瞄准，
直到现在我才明白，是我害了他，他将替我殒命。

“猎人们看到了这伟大的动物，
不敢相信眼前出现的是这只鹿。
爱德华带着手下举着旗帜赶来，
‘瞧，陛下，是那只长着四十四支鹿角尖的红鹿！’

“‘你在做什么，美丽的野兽？
我不会让你成为皇家盛宴的盘中肉！
我特赦了你和白鹿不参加这游戏，
强壮如你，给我送些残废的来就行。’

“‘我来此，’红鹿说，‘是替代一只怀孕的母鹿，
她的命运将由我来承担。
她不该死，所以我才到这里来，
您吃完之后请将我的骨头入土掩埋。’

“此时国王方从麻木不仁中清醒，
高贵的红鹿让他学到了一个教训。
‘献出自己的生命来保全其他的生命？’
爱德华盯着那高耸的鹿角发出了感慨。

“‘我会这么做，我也将这样做。
我并不害怕，世事也终将变好。
死亡只是换取生命礼赠的微小代价罢了。
假设那只鹿是我的妻子，我就不会无动于衷，
因此我也会为其他鹿这么做。’

“爱德华捻着自己的胡须，盯住红鹿看，
‘我很高兴你出现在此处，给了我帮助。
照顾弱小，本是国王该履行的职责，
我要感谢你给我上了这真实的一课。

“‘你和你的鹿群得到了自由，
去教其他人你教我的道理吧，现在就可以走。

带上你的同族一起离开，去过安宁的生活，
整个鹿群都被赦免，你的家人自由了。’

“强壮的雄鹿心情依旧沉重，
他摇头对爱德华说道：
‘人类的王啊，你可知道，
这片森林就是我们的家园。
如果我和我的鹿群离开，如果我们走掉，
我们知道，剩下的鹿将会继续受苦一如从前。

“‘你们会夜以继日地拉弓射箭，
我的朋友们将会在愤懑中号呼数年。
但如此惨痛的代价又能换来些什么？
我要救的母鹿和小鹿也不会幸免于难。’

“‘可是那些鹿并不属于你的族群。’
红鹿坚定地站在一块岩石上。
爱德华再一次捋起胡子。

他清了清嗓子说道：‘红鹿，你鼓舞了我。

“‘虽然我思想的花园里还有杂草未除，
但你给我上了很好的一课，’国王退让道，
‘这座死亡围栏里的所有鹿都会被释放。’
‘国王，’红鹿回答说，‘您真的很伟大。’

“爱德华回答说：‘去吧，去过安宁平和的生活。’
牡鹿再次拒绝了国王的善举。
四周变得寂静，一只野兔停下来，
定睛看着眼前的情景。
没人知道这只伟大的红鹿还担忧什么。

“所以听啊，听啊，
这个神奇的故事，
它记载了我亲爱的孩子如何来到世上，
和红鹿王的无上荣光！

“森林在注视，它焦虑得连枝干都已歪歪扭扭。

‘危险伴我生活了那么久，

所以现在我不会让它沉重地压在我朋友身上。

身在别处苦难也不会远离，尽管我不知道它们会在何处等候。

“‘嗜杀如狂，喧嚣，恐惧。

这些感觉长时间伴随我，

如果我们离开，接下来受害的又会是谁?

这样看，离开并不是光荣的借口。

“‘没有了仁慈和克制，

现在万物都将被屠杀。

渗入血液和骨头的土壤将会变得肥沃易耕。

离开森林独享安宁?

要知道其他另外一些生物正为此付出代价。

“‘仁慈的国王，如果您能把我们都释放，

必将留下传奇，和自由之钟的回响。

您若想寻求和平，

不应只有鹿群被释放。'

"爱德华不敢相信自己听到的话。

他身后那些人都不敢直视他。

他又叹了口气。他的脑袋也耷拉下来。

'你想让我们所有人都变成耕田的农夫是吧！

"'你是老师而我是学生。

我会放了所有动物。这个决定极为审慎。

就这样，我决定了。就这么办吧。

游戏结束，你赢了。

"'我的手下和我必会践行我们所信奉的理念。

我们明白你传授的智慧的代价，

森林将会恢复生长，重获自由，纵情歌唱。

你敲响了自由之钟，钟声正在森林里回荡。

"'在田野间肆意奔跑吧，尽情享受明媚骄阳吧，
时间会告诉你一切，
森林里的生灵也会大受裨益，
无论它们是大如巨象还是小似蝼蚁。'

"在树林深处麻雀们叽叽喳喳唱着，
但是伟大的红鹿并没有快步离去。
他的鹿角轻轻地晃来晃去，
就像老鹰在滑翔。

"燕子翩然起舞，他看到它们在快乐地嬉戏。
林子里的树上还有一只隼，一只猫头鹰，和一只松鸡。
看看那些羽毛五彩缤纷的飞行者，
歌声如此甜美，简直是上帝的信使。

"'唉，陛下，'红鹿平静地说，
'很快它们就会都死去。
国王，您能告诉我为什么

您用吊索把它们赶尽杀绝吗?

“‘就算您心怀对它们的嗔意，而它们却从未感知，
也请继续刚才的善行，
不要将心门半掩，
请放了这些鸟儿，在这九月天！’

“‘天啊！我之前觉得自己已经很强大了！’
这位战士咬紧了嘴唇。
‘但是您错了。
您很虔诚，很宽厚，可也很顽固。’
雄鹿无所畏惧地立在那儿回答说。

“‘为领导众人，我们没有选择坦途，
而是走上了艰辛之路。
如果他人在遭受痛苦，我们会开心吗？
笔直的康庄大道上不会有小路九曲回肠。
除非所有生灵都得到解放，否则没有和平。’

"高大的国王从他那匹骄傲的马上跳下，
当然，他强有力地握着剑。
他阔步径直走到伟大的红鹿面前，
往地上啐了一口才开始叨念。

"'那鱼怎么样？'爱德华发出嘘声，
'彩虹鳟鱼，也不能遗漏是不是？'
国王和牡鹿就这样四目相接地对立，
'你难道不想为它们的自由拼尽全力？'

"'伟大的国王，您真聪明，能考虑到
湖泊，池塘，和溪流。
这些我们都必须思索。
倘若我们抛弃这些银色泳者，
谁来唤醒这些波光粼粼的河流。

"'倘若海洋死去，
我们也将无法自在地呼吸。

我们将头顶沉重的压力，
与其这样我们宁可放弃自己的生命。

“‘如果我们不替那些沉默的生灵说话，
比如那些无比聪明懂得逆流而上的大马哈鱼，
比如那些活在黑暗中的鲶鱼，
我们还去为谁辩护？’
红鹿仿佛洞察一切，让国王激动得浑身震颤不已。

“‘只吃蔬菜的时候会觉得它们美味吗？
谷物怎么样？水果也不错吧？司康饼好吃吗？
现在这好像成了我唯一的食物来源，
我不会为了保证营养去吃其他东西。

“‘这桩买卖我很吃亏，我很恼怒，
但是我无法挑错。
你的逻辑如那老橡树般巍然屹立。
任何生命，哪怕是鱼也该

拥有获得自由的权利。’

“长者爱德华向他的侍从传令：
‘在我所辖之地我会发布一个修订法令。
从今天起，我要解放所有生灵。
现在我心开放，我目澄澈。

“‘像我一样害怕被杀害的生灵啊，
这是我真心的愿望和效力持久的律法。
没有谁会被猎捕，没有谁会遭受陷害，
没有谁会被杀害。
我也会让我的子孙们都尊重世间万物。’

“爱德华回头走向强壮的红鹿。
‘我希望你把这当作一个开始，牡鹿。
满意了吗？你现在能从容不迫地呼吸了吗？
现在这座森林里的其他生命也自由自在啦。’

“红鹿欣喜地环顾着树林四处，
鸟儿们轻松自在地飞翔，天空仿佛是它们的玩具。
松鼠、狐狸，甚至连鸭子
也纵声欢笑庆贺这重获自由的好时光。

“一滴泪从强壮的红鹿眼中滑落下去。
‘是的。’他如释重负般大大松了口气，
就是这一滴泪映照出了整个世界。
万物都得到了它们应得的自由与和谐。

“四十四只麻雀落在他宽大的颈脊上，
无惧无畏高唱着这首歌。
随后他仿似一只年幼的小鹿一跃而起，
踏着这片草地飞奔而去。

“‘打开门。’爱德华声音洪亮。
围栏轻松被撞倒在地。
小鹿们四散而跑，仿佛身轻如羽。

爱德华的心犹如春天般温暖。

“之后长者爱德华理所应当地为红鹿制作雕像，
这个雕塑放置在一个屋顶上，
这样所有生灵都可以来
欢庆、纪念、歌颂和倾听这
《四十四支鹿角尖的红鹿王之歌》。”

“是真的吗？”小鹿轻声问，
“您和我当时就在这里？”
他说话声音轻得她差点听不见。
小家伙蹦跶起来，兴奋得无法自已。
“原来伟大的红鹿王救下的就是我和您？”

“是的，你出生在那个下午不久之后，
就是在这片草丛处。想象一下，”
小鹿的妈妈说道，
“大家都互帮互助太美好了。”

一个小鹿崽央求他母亲：
“妈妈请您讲一讲，那只伟大的红鹿王。
他曾说，一切都会好起来的。
那四十四支鹿角尖的雄赤鹿，
是他结束了爱德华的残酷战争。”

All Shall Be Well

一切都会好起来的。

骑士准则清单

一、孤独

二、谦逊

三、感恩

四、骄傲

五、合作

六、友谊

七、宽恕

八、诚实

九、勇气

十、优雅

十一、耐心

十二、正义

十三、慷慨

十四、自律

十五、勤奋

十六、谈吐

十七、信念

十八、平等

十九、爱

二十、死亡

向其他骑士致以特别的感谢

穆罕默德·阿里，A.H.阿玛斯，马可·奥勒留，沙利文·巴罗，西摩·伯恩斯坦，山姆·克里利，沙漠教父，“德西迪拉塔”，艾米莉·迪金森，文森特·多诺弗里奥，弗雷德里克·道格拉斯，彼得·德鲁克，鲍勃·迪伦，德怀特·戴维·艾森豪威尔，拉尔夫·沃尔多·爱默生，劳伦斯·菲什伯恩，E.M.福斯特，维克多·弗兰克尔，查尔斯·盖恩斯，霍华德·L.格林，莱斯利·格林·霍克，伍迪·格斯里，达格·哈马舍尔德，詹姆斯·霍克，盖·霍克，瑞恩·霍克，罗伯特·休斯，维克多·雨果，凯瑟琳·英格拉姆，伊莱·基夫·杰克逊，诺维奇的朱莉安，约翰·济慈，马丁·路德·金，老子，安·李教母，C. S. 刘易斯，理查德·林克莱特，文斯·隆巴迪，乔治·卢卡斯，纳尔逊·曼德拉，雷夫·马丁，托马斯·默顿，一行禅师，安德鲁·尼科尔，阿娜伊斯·宁，尤金·奥尼尔，约瑟夫·帕普，圣保罗，瑞凡·菲尼克斯，希瑟·鲍尔斯，大小帕特里克·鲍尔斯，布兰奇·瑞基，保罗·罗伯逊，卡尔·罗杰斯，埃莉诺·罗斯福，威廉·莎士比亚，乔纳森·马克·谢尔曼，汤姆·斯托帕德爵士，特蕾莎修女，J.R.R. 托尔金，阿曼达·普里斯·范德维尔，库尔特·冯内古特，珍妮弗·鲁道夫·沃尔什，西蒙娜·韦伊，杰萨姆·韦斯特，沃尔特·惠特曼，田纳西·威廉斯，当然，还有亚瑟王。

Rules for a Knight

FONGHONG
凤凰联动出品